U0041289

Into 048

民族的新世界地圖

21世紀研究會◎編

張明敏◎譯

目 次

現代青年應該具備完整的世界觀

李家同（國立暨南國際大學教授）

　　我曾在某次演講中，談到印度的窮人還得向猴子要食物吃時，引發台下些許的笑聲，然而這真的那麼好笑嗎？世界上存在許許多多困境與矛盾，有些甚至引發流血衝突與戰爭，可是台灣的學生多半都不關心。這現象所凸顯的問題在於，現在一般的學子都缺乏世界觀，但這也可能不是台灣獨有的現象——今天連英國的學生都可能不知道邱吉爾是誰，而美國人也因為缺乏歷史觀，竟沒弄清楚伊朗與阿拉伯人的世仇關係，曾經在招待伊朗國王時演奏〈阿拉伯之夜〉，讓伊朗國王當眾翻臉。

　　台灣的教育制度有著濃厚的政治取向，使得台灣的學生歷史觀念薄弱，在面對諸多國際事件及重大議題時，顯然無法做出即時反應。之所以無法了解世界重要的新聞資訊與各種訊息所要傳達的意義，可能是由於語言能力的不足，更多的原因則在於對不同文化與環境的缺乏了解。

　　雖然現在大學已經不是窄門了，升學壓力依舊如影隨形。學生讀著各種版本的教科書，至於文學、藝術、歷史、音樂等能啟發人文思緒的學習素材則普遍缺乏。在全球化的時代，人際交流頻繁，因此更能夠深刻感受到文化差異，也愈加發現我們的人文素養在面對來自全世界的挑戰時，是多麼的不堪一擊。

　　比方人們常說入境隨俗，但由於閱讀習慣上的失衡與世界觀

的不足，對於不同文化、風俗、信仰、禁忌往往都一知半解。除了上述美國的外交笑話之外，如果錯將「蘇格蘭人」當成「英國人」，極可能引發對方的不快；年輕人常用的 OK 手勢，其實在中東帶有猥褻的意味；就連我們最習慣的握手，用的力道與時機在不同文化中也有著懸殊的差異。如果不能夠體認到這些認知與觀念上的異同，小則出醜，大則降低了個人，甚至是國家在大環境中的競爭力。

又如，過去的教育讓我們常以「國界」為經緯來理解世界，近現代的「國家」觀念與疆界劃分是政治思維的產物，而人類過往形成各個族群，卻是以宗教、語言、民族等等的異同為基礎；這兩者不能合拍，直接或間接造成了人世的紛爭、衝突不斷。這一點別說青年學子，恐怕很多成年人都不甚清楚。

我們生活在資訊發達、知識版圖迅速擴張的時代，世界不但是平的，也是息息相關，牽一髮而動全身。身為台灣這個海島型國家的大學生或青年人，應該對國際環境的變遷，以及人類面臨的問題有更多的認識。當你身處資訊傳達快速的環境時，如果在履歷表上只能填上一堆冷笑話，甚至對你想求職的企業文化毫無認知，你如何教面試官再給你第二次機會？同樣的，在 M 型社會中，要面對來自大陸，甚至世界各地的競爭者，我們該如何加強自己的競爭實力？

面對各種媒介傳來的諸多訊息，我們不能只是當成八卦般人云亦云，要學習獨立思考與判斷的能力，增進自己的「世界觀」，才能培養出不被淘汰的實力。

　　閱讀會是最好的方法之一。一本好書帶給我們的收穫，不光是咀嚼優美的詞藻，或者是打發時間。閱讀兼具知識與趣味的好書，可以吸收到啓蒙智慧的知識，更可以擴大我們的視野。所謂「讀萬卷書，不如行萬里路」，行萬里路固然是難能可貴的經驗，但衡量每個人在時間與經濟能力上的不同，閱讀是最省力、最符合投資效益，而且能「知天下事」的方式。

　　因此，當時報文化邀我爲「世界地圖」系列叢書寫一篇總序，我欣然允諾。從這個書系的策劃到執行，我們可以看到一群致力於推廣知識與文化教育的學者，用書寫來縮小不同民族之間的語言、文化隔閡，使得這套書具備了世界公民生活須知的特質。透過人名、民族、地名、常識、宗教、色彩及食物等多元角度，「世界地圖」叢書有系統地把我們平常透過不同媒體所獲取的片段資訊，整合成一幅宏觀圖像，從閱讀中建構完整的世界觀，對於增進青年人的人文素養饒有裨益。

雜燴 「族群」

王道還 （中研院史語所人類學組）
dwang@sinica.edu.tw

　　本書是有關「族群」的大雜燴，也是它的魅力所在。作者似乎提醒我們：所謂族群問題只是表象，不可一概而論；每個特定的族群現象，都有獨特的形成脈絡，必須抽絲剝繭，才會露出底蘊。可是「族群」是現代史的重要動力，不容抹殺，本書的教訓似乎是：我們必須另闢蹊徑，才能了解族群。果真如此，筆者認為我們不妨回顧族群研究的大歷史，或可有所領悟。

古典人類學的退卻

　　西方自十八世紀興起的人類學（anthropology），按字面的意義，是研究「人類」的學問（the science of man）。不過「人類」會成為研究的對象，卻是因為西方人在地理大發現之後，累積了一大堆駁雜多元的人類資料──人類不僅膚色、髮質不同，語言、宗教、風俗、社會組織等亦大異其趣。簡言之，人類學一開始就是研究「族群」的學問。

　　十八世紀也是「自然史」逐漸成形的時代。過去幾個世紀中，地質學的研究已經揭露了地層就是地球歷史的事實，加上化石的生物意義逐漸確立，學者終於覺悟地層中的生物相演替其實就是

生命史。於是傳統的 Natural History，意義逐漸從「自然描述／研究」轉變成「自然史」。時間成爲解釋自然現象不可或缺的維度。

生物演化的概念是自然史研究的結論。法國學者布丰（Buffon, 1707-88）是第一位綜論自然史的大師，他的《自然史》自地球形成開始講起，預定五十卷，頭十五卷出版于一九四九至六七年，到他過世時全書仍未完成（合計出了三十六卷，另外八卷他死後由人捉刀出版）。一八○○年正式提出生物演變論的學者拉馬克（Lamarck, 1744-1829），就是他的學生。

從思想史來說，西方人類學的發展其實是兩個思潮的產物，一方面是源自文藝復興時代的人文主義，所以人類才會成爲俗世研究的對象；另一方面，自然史提供了方便的解釋架構，以歷史、氣候、風土解釋族群差異。人類學成了人類自然史。

難怪十九世紀的人類學以生物演變論爲基礎了。當時人類學的重點有二。一是描述人類的「自然」根源，以及蛻變的過程與動力。今天的體質／生物／演化人類學仍在探討這個問題。另一個重點，是說明人類社群間的歧異現象。大體而言，二十世紀初學院派人類學成立之前，這兩個重點是同一個自然史架構中的有機成份。十九世紀的歷史／演化「學派」，把人類社會依物質文化的高下排出「發展順序」，向前追溯到人／猿分化之際。整個地球成了個人類學博物館；不同的人類社群，都是人類自然史的標本。在這個觀點中，文明開化事實上是人類演化／進化史的最後一章。

　　但是人類學在學院中佔領了陣地後，上述的兩個重點反而給拆開了。文化人類學家秉持人文主義的初衷，不願再和自然史有任何瓜葛。他們反對生物決定論，斷然宣佈「文化是一超機體」（super-organism）。按照這個觀點，人類文化自成一格，不受自然／生物邏輯的支配。人的自然史無法幫助理解文化。時間之流進入文化人類學的領域中，似乎就停頓了，不再是組織資料的架構。文化歧異似乎只是個空間經驗，不具時間深度。對於文化人類學家，文化歧異一方面是道德教材，所以強調每個文化自成一邏輯／意義體系，無高／下之分；另一方面又是「文化科學」的經驗資料（empirical data）。於是文化歧異就不再是需要解釋的現象，而是「資料庫」，用以抽繹文化／心理的「深層結構」。文化人類學家拋棄了「族群」科學，創立了「文化科學」。

　　傳統的人類自然史雖然失去了最後一章，就人類變成「文化動物」的過程而言，仍自成一完整的史詩。達爾文的古典論述一直都是人類自然史的敘事原型。話說當年，人／猿未判，以樹為家。一群人猿為了某些理由從樹上下地活動、生活，演化出直立姿態，成了猿人。他們就是人類的始祖。直立姿態的行為後果，是雙手解放。雙手萬能，物質文化由是發生。手腦並用，相互刺激，腦子也發達了。發達了的腦子又回過來刺激物質文化的進步。日月如梭、光陰似箭，「智人」出現，主宰萬物。最後，農業發明、國家肇造、文明演進、聲光電化、登月奔日、深入太空。

　　不過學者在過去五十年間累積的資料，已經把這個十九世紀的自然史敘事架構給壓垮了。簡言之，直立行走、雙手解放、腦

子、文化之間的演化／邏輯關連全打斷了。人類自然史成了斷爛朝報！

至此，古典人類學似乎已經全面崩盤。結果是，一門以研究族群起家的學問，卻無法對當前所謂的族群問題提出有意義的觀點。

象徵物種（The symbolic species）

以社會學之父涂爾幹（Durkheim, 1858-1917）的觀點來說，族群本就不是「社會事實」。他強調社會學研究的對象要是可以化約成個人心理學的話，社會學就沒有獨立存在的必要了。「族群」也一樣，我們常識中的族群問題（意識）都可以化約成其他的因素或過程（例如政經利益不均），似乎不可能成立一門融貫的「族群學」。本書不得不成爲大雜燴，事出有因——本書發人深省之處正在這裡。

但是涂爾幹的觀點並不能解釋爲何族群是重要的動員符號，以族群爲名的暴行在世上許多地區仍然持續進行，學院中族群研究因此火紅得很。

筆者認爲，了解人類族群現象還是得回到自然史。族群是以獨佔特定資源爲手段，以生殖爲目的的群體。演化生物學家研究其他動物，早已累積了許多研究成績與睿見。但是文化人類學家捻出的「文化－超機體」概念也不是無的放矢，只不過我們得從人類認知模式的特性下手。

　　所有研究人類自然史的學者，都注意到人類的腦子在靈長類中特別突出的事實。例如人類與黑猩猩源自同一祖先，大約六百萬年前才分別演化，如今人的平均腦容量是黑猩猩的三到四倍。但是人類腦子的特異處，其實是在「發育」的層次上，因為人與黑猩猩的新生兒，腦容量沒什麼差異。人類的腦子是在人文環境中發育的。

　　人類嬰兒到了四歲，腦容量才發育到接近成人的程度。那時，人的認知發展最重要的一步，是學習語言。學會語言後，認知發展才能持續下去。語言成為人類最主要的認知模式。

　　人類以語言為媒介的象徵（symbolic）認知模式，是塑造族群的主要「超機」（super-organic）力量。一方面，共同的生活經驗成為凝聚族群的最低要求；因為沒有共同的生活經驗，就沒有共同的語言，沒有共享的象徵世界 。另一方面，「親屬選擇」（kin selection；或者儒家的「親親」理想）不是唯一凝聚族群的力量，因為我們可以憑「想像」創造親屬關係。難怪即使在現實世界中族群仍是重要的動員符號，我們仍然找不到「族群」一貫又客觀定義。

　　以人類特有的認知模式做為理解族群現象的起點，還能讓我們反省許多流行族群的論述。例如人類的象徵認知模式，似乎在規模較大的社群中才能產生「有價值的」產物。人類的舊石器時代，早期階段長達兩百多萬年，可謂舉步維艱，步履蹣跚，反映的是社群規模太小的事實。即使是至少在四萬年前就已出現的智人（*Homo sapiens sapiens*），社群規模仍然是決定物質文化水平

的因素。至於必須聚合大量人口才可能創制文明的歷史事實，就不用說了。連我們現在振振有詞、煞有介事的所謂普世價值，其實都有發展的歷史。

自然史的底線是：族群是以獨佔特定資源為手段，以生殖為目的的群體。不同的人類族群可以視為人類認知模式的不同實驗。過去的文明史是個犧牲人文多樣性的過程。今後的文明史可能轉向嗎？

參考資料：

一、《槍炮、病菌與鋼鐵》，時報文化出版公司，1998 年。

二、*The Symbolic Species*, by Terrence Deacon, 1997.

序言

乍看之下，二〇〇一年九月十一日這天起，世界的結構似乎全盤改變了。美國將那震撼全球、同時間發生的多起恐怖攻擊，視爲對自己宣戰。

但宣戰的是哪個國家呢？

近代國家建立以來，所謂戰爭，意味著國與國之間的爭鬥。秘密組織「基地」（Al-Qaida）對美國發動大規模恐怖活動，美國於是以「反恐戰爭」的名義，進軍阿富汗。

自一九九〇年代起，伊斯蘭教激進派組織發起的恐怖攻擊便引人關注，而其主要攻擊目標爲美國。一九九三年，美國的政治學者山繆·杭亭頓（Samuel Huntington）於《外交事務季刊》（*Foreign Affairs*）上發表一篇論文〈文明的衝突〉（The Clash of Civilizaions?）。三年後根據該文發展而成的新書《文明衝突與世界秩序的重建》（*The Clash of Civilizations and the Remaking of World Order*），杭亭頓拿掉了標題中的問號。

冷戰結束後，前蘇聯及東歐國家解除了對民族意識和宗教的禁錮，民族問題便決堤而出。尤其在南斯拉夫解體過程所發生的連串紛爭中，民族意識被民族主義者利用，作爲爭奪勢力範圍和政治謀略的工具，並用以煽動戰亂。除了前共產國家的問題，過去因東西陣營相爭而遭國際社會漠視的民族問題，也再度浮現。

「民族」取代「意識形態」，成了理解世界各地紛爭的關鍵詞。在這樣的時代，杭亭頓提出另一個關鍵詞——「文明的衝突」，引

發了各種論戰。而九一一事件之後，小布希政府也拿杭亭頓的論點來合理化其反恐戰爭。

就伊斯蘭世界和西方世界之間的衝突來看，「文明的衝突」確實很容易理解。不過，還是有許多民族紛爭與文明衝突沒什麼關係。此外，視「伊斯蘭世界和基督教世界彼此對立」是否妥當，也頗有疑慮。因此在本書中，我們再度使用「民族」這個關鍵詞，作為理解世界各種現象的線索。

民族究竟是什麼？它的定義非常曖昧而難有定論。因為用「民族」的概念將人類分成各個群組，並沒有明確的準則。例如聽到「多民族國家美國」時，人們大多會先想到美國人有白人、黑人及黃種人等各種人種。

那麼，何謂人種？人種就是以身體特徵區分人類，一般可將人分為三大類：尼格羅人種（Negroid，即黑種人）、蒙古人種（Mongoloid，即黃種人）及高加索人種（Caucasoid，即白種人）；或是再加上澳洲原住民（Australoid，蒙古人種的一支，分布於澳洲大陸及環太平洋地區），分為四大人種。不過，膚色或眼珠顏色等差異，是人類在各個地域為了適應不同自然環境而形成的，因此「人種」這概念在生物學上是不成立的。

「人種」也包含了階層或文化等社會屬性的意義。例如日本有「人種不同」的說法，與其說是指族群之間膚色、眼珠顏色不同，或許也可以指教養方式等方面的差異。像這樣包含文化、社會屬性的解釋，稱為「社會人種」。

十九至二十世紀間，人種論在西方社會廣為流傳，主張白人

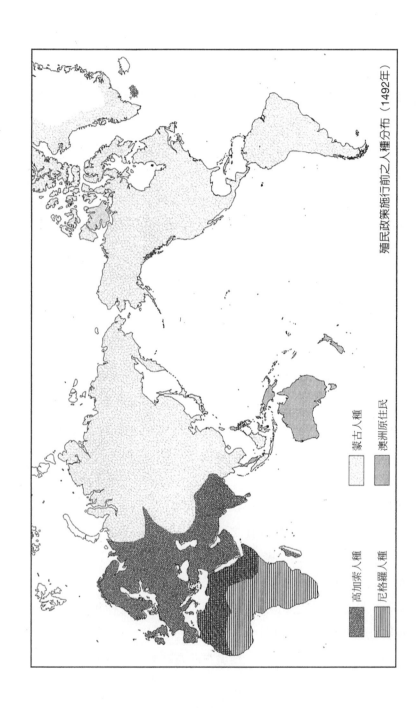

殖民政策施行前之人種分布（1492年）

蒙古人種

澳洲原住民

高加索人種

尼格羅人種

比黑人、黃種人優越，因此白人必須統治其他種族。這是合理化殖民制度的白人中心思想。這段時期所謂人種的概念，並沒有刻意排除「社會人種」的意義，而是根據生物學及文化上的特徵來區分人類。從這層背景看來，種族主義（racism）、種族歧視等與人種相關的語彙，常常帶有「輕視」的意味。

二〇〇六年在德國舉辦的世界盃足球賽，提出了「向種族主義說不」（Say no to racism.）的口號，廣受世人矚目。德國擁有土耳其等眾多族裔的移民，至今人種歧視問題仍然非常嚴重。不過，德國隊在世足賽中晉級時，土耳其裔移民同樣欣喜若狂，德國人也善意地報導土耳其裔真情流露的反應。另一方面，世足賽決賽時，法國選手席丹（Zinedine Zidane）的粗暴行為雖然遭到世界各國球迷非難，但倘若真如報導所言，義大利球員當時的言語挑釁包含了「恐怖份子」等用語，這對身為阿爾及利亞裔穆斯林的席丹而言，確實算是一種歧視。

總之，在生物學上不具特殊意義的「人種」，對於何謂「民族」這問題，並不能提供明確的解答。有的澳洲原住民因為混血，外表看起來跟白人沒什麼差別。墨西哥的白人家庭中，也有全家只有一個孩子外貌神似原住民的，這同樣是長期混血的結果。身體的特徵或許可以作為區分民族的基準之一，但「人種」和「民族」是完全不同的概念。

比起人種，語言更適合用來區分各個民族。語言是文化的重要元素，許多民族就是以語言作為認同的判斷標準。然而，以語言分類的「語系」畢竟是語言學上的說法，不能和民族的分類混

為一談。例如，猶太人不論是講意第緒語（Yiddish，東歐猶太人使用的語言）、俄語或英語，猶太人就是猶太人。中美洲的原住民馬雅人，雖是多種馬雅語系語言使用者的總稱，但與其把他們拆成個別的民族，還不如統稱為馬雅人或馬雅語系民族。正確地說，每一個語言集團可說是構成民族的次級集團，亦即一種民族集團。關於民族集團，將於稍後進一步說明。

除了語言，宗教也是民族認同感的來源之一。例如中國的回族、保加利亞的穆斯林（Muslim，即伊斯蘭教徒）、菲律賓的摩洛人（Moro，西班牙統治時期稱穆斯林為摩洛人），就是以宗教跟其他民族區分（參照本書第七十一頁）。不過，這種標準並不適用於所有宗教。

論及民族時，上述的身體特徵、語言、宗教及傳統文化、生活習慣等，相較下雖是較客觀的標準，但「我們」意識這種主觀標準也很重要。此外還有其他區分民族的看法，例如構成民族國家（nation state）的「民族」（nation），以及「族群」（ethnos）這種在特定風土、環境中，感覺同屬一個集團而自然形成相同文化的團體。

日本是島國，罕與其他民族交流，自古以來在不知不覺中形成民族國家，造成「民族」與「族群」大致重疊的特殊環境。大多數日本居民被灌輸一種虛構的觀念：日本人就是講日語的民族、日本為單一民族國家。因此日本人看待各種民族紛爭都有如隔岸觀火，不是沒有道理的。

然而，不了解民族的意義的，不是只有日本人。

　　非洲一些部族社會雖然會意識到「我們」與「他人」之別，卻沒有民族的概念。然而殖民時期在非洲留下的負面影響，就是使許多非洲部族捲入「民族紛爭」。亞洲也是如此。在殖民政府的分裂統治政策鼓動下，「民族」這概念在部分地區強勢滲透。在此之前以鬆散關係共存的人們，不明就裡地被迫歸屬爲特定的民族或集團，許多社會因而分化。也有不少實例顯示，外部強加的民族意識會導致抗爭。此外，民族自尊與偏狹的民族主義混爲一談的現象雖有程度之別，但在世界各國都可發現。總之，民族問題從「如何定義」民族開始，就已有困難。

　　二〇〇〇年《民族的世界地圖》（日文版）出版，至今不過數年，世界局勢的變化卻令人眼花撩亂。近來恐怖主義橫行，報復恐怖份子的反恐戰爭也被視爲正當之舉；歷史、政治、文化的要素複雜糾結所形成的民族問題，往往就在「正與邪」這樣單純的二元論下被忽視。

　　《民族的新世界地圖》以《民族的世界地圖》爲基礎，修訂了部分內容，添加一些更新的資訊。我們希望再次嘗試以「民族」爲關鍵詞，來解讀這個世界。

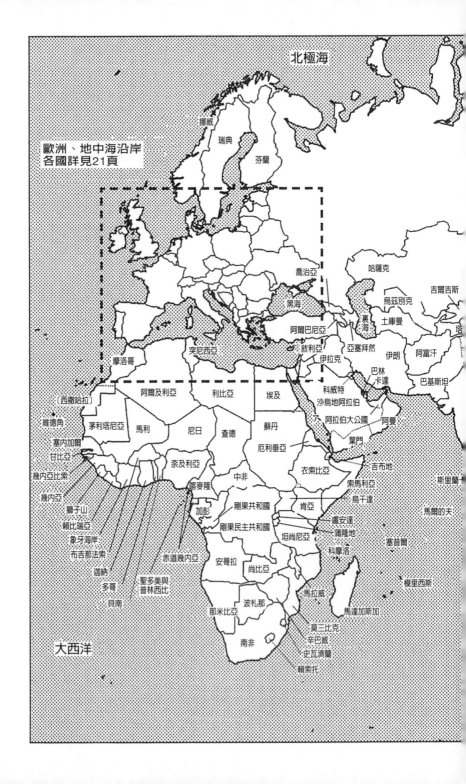

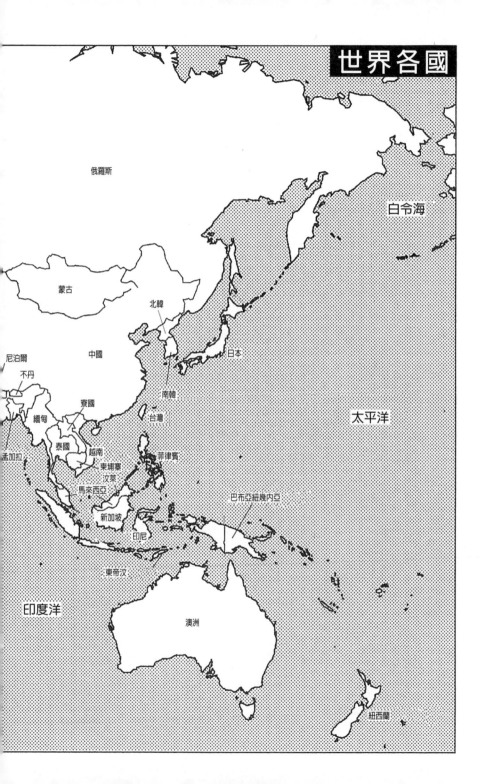

世界各國

白令海

俄羅斯

蒙古

北韓

中國

日本

尼泊爾

不丹

寮國

南韓

台灣

緬甸

太平洋

泰國

越南

菲律賓

孟加拉

柬埔寨

汶萊

馬來西亞

巴布亞紐幾內亞

新加坡

印尼

東帝汶

印度洋

澳洲

紐西蘭

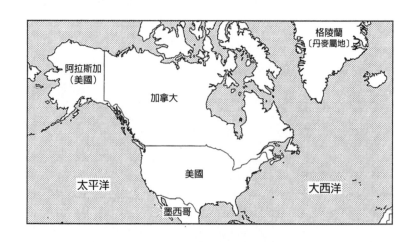

阿拉斯加
（美國）

加拿大

美國

墨西哥

格陵蘭
〔丹麥屬地〕

太平洋

大西洋

美國

墨西哥

貝里斯

瓜地馬拉
薩爾瓦多
洪都拉斯
尼加拉瓜
哥斯大黎加

巴哈馬

古巴

牙買加

巴拿馬

厄瓜多

海地
多明尼加共和國
聖克里斯多福
安地卡及巴布達
多米尼克
聖露西亞
聖文森及格瑞納丁
巴貝多
千里達─托貝哥

格瑞那達

委內瑞拉

蓋亞那

〔法屬〕圭亞那

哥倫比亞

蘇利南

秘魯

巴西

玻利維亞

巴拉圭

智利

阿根廷

烏拉圭

太平洋

大西洋

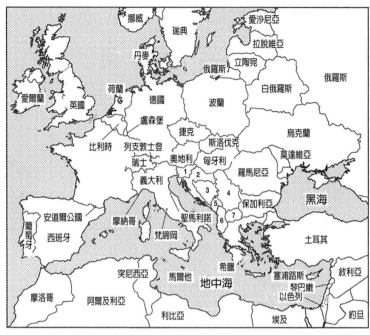

1. 斯洛維尼亞　2. 克羅埃西亞　3. 波士尼亞─黑塞哥維納　4. 塞爾維亞　5. 蒙第內哥羅
6. 阿爾巴尼亞　7. 馬其頓

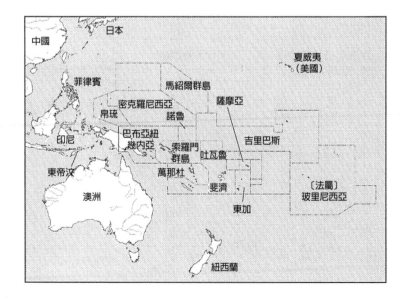

世界主要紛爭地圖（第二次世界大戰以後）

基於民族、宗教、文化、經濟、領土、資源等因素，世界上的紛爭無法止息。

1. 北愛爾蘭獨立運動（1969-）
2. 東、西德分裂（1949-90）
3. 布拉格之春（1968）
4. 波士尼亞－黑塞哥維納紛爭（1992-95）
5. 科索沃紛爭（1998-99）
6. 克羅埃西亞問題（1991-95）
7. 匈牙利事件（1956）
8. 巴斯克獨立運動（1968-）
9. 直布羅陀歸還問題（1696-）
10. 摩洛哥與阿及利亞紛爭（1963-）
11. 阿爾及利亞反政府運動（1992-）
12. 西撒哈拉紛爭（1975-）
13. 賴比瑞亞內戰（1989-96）
14. 奈及利亞內戰（比亞法拉戰爭，1967-70）
15. 查德內戰（1965-87）
16. 盧安達內戰（1990-）
17. 蒲隆地民族紛爭（1993-）
18. 剛果紛爭（1960-65）
19. 安哥拉內戰（1975-2002）

20. 那米比亞獨立運動（1966-90）
21. 莫三比克內戰（1975-92）
22. 南非反種族隔離主義運動（1948-91）
23. 衣索比亞內戰（1989-91）
24. 索馬利亞內戰（1991-）
25. 塞浦路斯紛爭（1963-）
26. 黎巴嫩內戰（1975-90）
27. 巴勒斯坦問題（1948-）
28. 葉門內戰（1994）
29. 波斯灣戰爭（1991）
30. 庫德族紛爭（1983-）
31. 阿布哈茲紛爭（1992-）
32. 車臣紛爭（1994-）
33. 〔亞塞拜然境內〕納戈爾諾－加拉巴赫內戰（1991-）
34. 兩伊戰爭（1980-88）
35. 伊朗革命（1978-79）
36. 蘇聯入侵阿富汗、阿富汗內戰（1979-）
37. 塔吉克內戰（1992-97）
38. 喀什米爾紛爭（1947-）

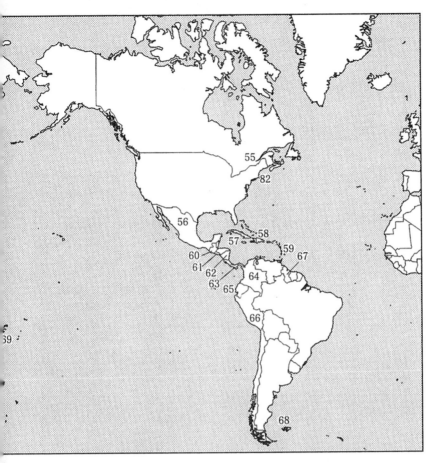

39. 旁遮普紛爭（1970年代末-）	62. 尼加拉瓜內戰（1979-90）
40. 斯里蘭卡民族紛爭（1983-）	63. 美國入侵巴拿馬（1989）
41. 西藏獨立問題（1959-）	64. 哥倫比亞反政府運動（1980-）
42. 中、印國境爭議（1962-）	65. 厄瓜多與秘魯領土爭議（1981-98）
43. 緬甸反政府運動（1988-）	66. 秘魯反政府運動（1980-）
44. 柬埔寨內戰（1978-93）	67. 蓋亞那與蘇利南國境爭議（1982-）
45. 民答那峨紛爭	68. 福克蘭戰爭（1982）
46. 南沙群島主權問題	69. 斐濟內戰（2000）
47. 越戰（1965-75）	70. 倫敦同時多起恐怖事件（2005）
48. 台灣獨立問題	71. 馬德里火車爆炸事件（2004）
49. 釣魚台列島主權問題	72. 伊拉克戰爭（2003-）
50. 韓戰、兩韓統一問題	73. 獅子山內戰（1991-）
51. 竹島主權問題（日、韓）	74. 象牙海岸內戰（2002-2005）
52. 日本北方諸島問題（日、俄）	75. 奈及利亞紛爭（1999左右-）
53. 東帝汶獨立、反政府運動（1975-）	76. 新疆維吾爾獨立運動（1990左右-）
54. 新喀里多尼亞獨立運動（1979-）	77. 〔印尼〕亞齊獨立運動
55. 魁北克省獨立運動（1976-）	78. 〔印尼〕馬魯古宗教對立
56. 墨西哥原住民問題（1994-）	79. 〔印尼〕伊里安查亞獨立運動
57. 古巴危機（1962）	80. 峇里島恐怖爆炸事件（2002、2005）
58. 多明尼加內亂（1965）	81. 索羅門群島內戰（1998左右-）
59. 美國侵略格瑞那達（1983）	82. 美國九一一事件（2001）
60. 瓜地馬拉反政府運動（1950年代-1996）	83. 蘇丹內戰（1983-）
61. 薩爾瓦多內戰（1980-92）	84. 馬其頓問題（1991-）

第1章

民族與語言

南阿拉伯文字〔阿曼，薩拉拉〕在古希臘、羅馬時代，阿拉伯半島南部非常繁榮，有繁忙的海洋通商路線，被譽為「豐饒的阿拉伯」，圖中即為該地使用的文字。這種文字的特徵是有許多圓形與直線，容易刻在石頭上，一般認為受到腓尼基文字影響，大約為西元前九世紀所創。

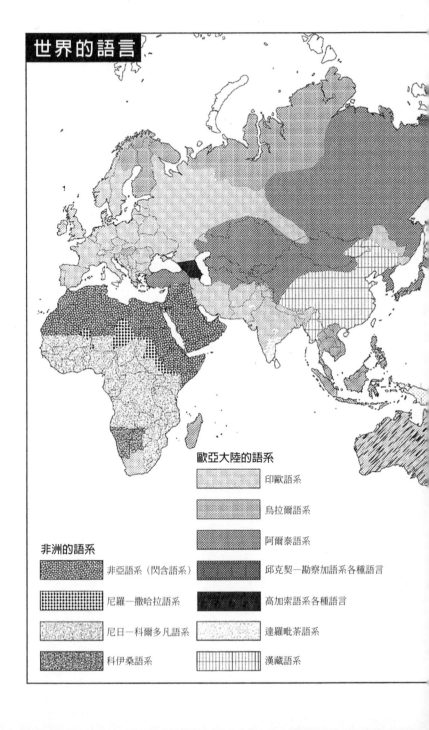

世界的語言

歐亞大陸的語系

印歐語系

烏拉爾語系

阿爾泰語系

邱克契—勘察加語系各種語言

高加索語系各種語言

達羅毗荼語系

漢藏語系

非洲的語系

非亞語系（閃含語系）

尼羅—撒哈拉語系

尼日—科爾多凡語系

科伊桑語系

將世界的語言分類為語系的研究，目前仍在進行，也有各種不同的說法，因此不明確的地方非常多。關於更詳細的分類，請讀者參考專門的書籍，在此我們將語系大致分類圖示。以英語為核心的印歐語系是全世界使用範圍最廣的語言，使用人數達全球人口的半數。

美洲的語系

愛斯基摩—阿留申語系

納—德內語系

各種美洲原住民語

東南亞、大洋洲的語系

南島語系、南亞語系

各種巴布亞語

各種澳洲原住民語

語言不同就是野蠻人？

自古以來，漢族便認爲自己的文化所及範圍是世界中心，自稱「中」華，稱周圍各民族爲東夷、西戎、南蠻、北狄。蠻、夷、戎、狄，都是指稱未開化的野蠻人。過去，日本人將經由東南亞北行到日本的西班牙人及葡萄牙人稱爲「南蠻」，便是借自中國的詞彙。日本人雖稱西方人爲南蠻，但對中國人而言，日本也是東夷之一。漢族的「中華」思想，可從中華民國、中華人民共和國的國名窺知；這種思想傳襲至今，撐持著漢族的民族主義。

民族意識的產生，始於區分自家人與外人。中華思想是個極端的例子，但無論哪個民族，多少都有「民族中心主義」（ethnocentrism，又譯民族優越感、民族意識）。許多民族自稱「人類」、「眞正的人類」，而把言語不通的外人稱爲「蠻人」或「語言不通的傢伙」，這種例子古今中外多不勝數。眾所周知，古希臘人將不同語言的民族稱爲野蠻人（barbaroi），就是這種意識的典型表現。最後，這個詞彙也用來指稱野蠻人、未開化的人或異教徒，英語的barbarian（野蠻人）、barbarism（野蠻行爲）等名詞，就是源於此字。

一些文化上不分軒輊的群體會互相貶抑，結果產生許多自稱與他稱不同的例子。例如美國印第安人的蘇族（Sioux），在敵對部族的語言中是「蛇」、「敵人」的意思；而他們自稱達科塔（Dakota），意思是「同胞」。大家耳熟能詳的阿帕契（Apache），

原本是含有「敵人」意味的他稱。

「民族」（nation）、「部族」（tribe）這些詞彙，我們現在常隨意使用，但「部族」一詞和「民族」一樣，定義還不太明確。根據日本辭典《廣辭苑》（爲日本兩部權威辭典之一，另一本是《大辭林》。《廣辭苑》大約每十年會修訂增補一次，基本上加上的詞彙不會再刪除，據說一個新詞若登上《廣辭苑》，在日本就算已約定俗成）的解釋，部族是「擁有人種、語言、文化等方面的共同特徵，居住於同一地區，並且具有同族意識的集團」，民族則爲「因擁有共同文化傳統，而在歷史上形成具有同屬意識的群眾集團」，基本上意義沒什麼不同。在日語中，一個詞凡是加上「族」字，就會令人覺得不對勁，似乎只有用於非洲馬塞人（Masai）等被視爲「未開化土人」的原住民身上時，日本人才不會覺得彆扭。這種情形不是日語才有，例如英語的 tribe 一詞，便經常在殖民主義的背景下使用。

由於意識到這種歧視觀念不正確，日本近來已盡量避免使用「部族」、「某某族」的說法。然而，這不是單純地「將柏柏族（Berber）改稱爲柏柏人是否恰當」的問題。輕蔑的觀念是另外一回事。此外，也有人認爲「部族」一詞指「尚未萌生民族國家意識的集團」，或是指「構成民族的次級集團」，例如柏柏人的一個分支圖阿雷格人（Tuareg），就被稱爲圖阿雷格族。

在英語中，相對於民族國家主要民族（nation）的次級集團稱爲族群（ethnic group）。族群表示共同擁有「我們」意識的集團，它不含類似部族的特別概念，因此「族群」正逐漸取代「部族」

一詞。本書也不使用「族」，必要時則使用「族群」，但中國不在此限。因為中國的主要民族自稱漢族，其他五十五個少數民族的正式名稱也都分別加上「族」字。

前文提及的柏柏人，原是北非最古老的原住民，現今居住在摩洛哥、阿爾及利亞、馬利、尼日等地。使用各種柏柏語的人，總稱為柏柏人；柏柏（Berber）一詞，似乎是由希臘文的野蠻人（barbaroi）轉化而來的拉丁文。換句話說，柏柏是他稱。

本來他們也沒有柏柏人整體的認同感，不過自二十世紀後半葉以來，為了抵抗摩洛哥、阿爾及利亞、突尼西亞等北非馬格里布各國（Maghreb。譯註：指北非西北部本是柏柏人居住地而伊斯蘭化的地區）阿拉伯政策的壓迫，民族意識正逐漸高漲。八世紀以後，此地區開始接受伊斯蘭文化，近年來則一面倒地接受阿拉伯語，在這樣的社會中守護、傳承自己的語言與文化的柏柏人，認同感卻逆勢強化；因為不喜歡「柏柏人」這個稱呼，很多人便以母語自稱「自由人、高貴的人」（Amazizh）。這幾年最知名的柏柏人，就是法國足球選手席丹，他是法國籍阿爾及利亞移民第二代。席丹的雙親都是卡拜爾人（Kabyle），這個柏柏人族群主要居住在阿爾及利亞北部山區。

印歐語系與亞利安神話

印歐（Indo-European）語系是全世界分布最廣、使用人口極多的語言集團。印度和歐洲這兩個地域，地理空間與文化都有顯

著的差異，然而根據十八世紀後期駐印度的英國法官威廉‧瓊斯（William Jones, 1746-1794）所言，兩地應同屬一個語言集團。

瓊斯的語言能力很強，精通希臘文及拉丁文，他曾在印度加爾各達（Calcutta，現改稱爲 Kolkata）的學會發表論文，指出古梵語（Sanskrit）不但語彙、構造和希臘文、拉丁文非常類似，文法還比希臘文更加複雜。這篇論文發表於一七八六年，那時瓊斯接觸梵語還不到兩年，但他已確信梵語、希臘文、拉丁文這三種語言是從一個已消失的語言中衍生出來的；此外，瓊斯甚至認爲哥特語（Gothic）、凱爾特語（Celtic）、古波斯語也屬於同一語系。

瓊斯這項發現，促使十九世紀歐洲比較語言學更爲進步與盛行。德國著名童話作家格林兄弟的哥哥雅各‧格林（Jacob Grimm, 1785-1863）即曾發表重要研究，探討印歐語系中日耳曼語（Germane）的變化。

將這個具有豐富史料的語言集團稱爲「印歐語系」的，是英國醫師湯瑪士‧楊格（Thomas Young）。早在法國青年學者商博良（Jean Francois Champollion）之前，楊格就已成功地解讀部分羅塞塔石碑（Rosetta Stone）上所刻的古埃及象形文字（Hieroglyph。譯註：羅塞塔石碑是一七九九年於埃及羅塞塔鎮發現，後來成爲解讀埃及文字之鑰。商博良於一八二二年九月二十九日宣布成功解讀古埃及象形文字）。

印歐語系包含的主要語言有：印度─伊朗語系（北印度語、波斯語等）、義大利語系（義大利語、法語、西班牙語、葡萄牙

語等）、凱爾特語系（愛爾蘭語等）、日耳曼語系（英語、德語、挪威語等）、斯拉夫語系（俄語、波蘭語、保加利亞語等）、波羅的語系（立陶宛語、拉托維亞語等），以及單一語言希臘語、阿爾巴尼亞語及亞美尼亞語。至於已成死語的印歐語系則不計其數，例如西元前兩千年左右極為興盛的西臺帝國（Hittite。譯註：位於今小亞細亞及敘利亞，後為亞述人所征服）的西臺語，就是其中之一。

在如此多元分化之前，印歐語系的祖語是在何地、為何人所使用呢？這是個無解的問題。過去德國的語言學家曾指出，歐洲中部是印歐語系的發源地，現在則有南俄羅斯說、中亞說、小亞細亞（土耳其）說等論點，不過都沒有確實的證據。

由於印歐語系發源地不詳，自然無法推測其祖語是如何擴展、如何在各個地域成為該地固有的語言。不過可以確知的是，其中的東方語族（language group）代表印度—伊朗語系，和流傳到歐洲的語族很早就分道揚鑣了。

為了確認印歐語系的發源地，十九世紀開始，以印歐語系祖語為母語的民族自然備受西方學者關注。一八五九年，參與印度教聖典《吠陀經》翻譯工作的德國東方學學者馬克斯・繆勒（Max Müller, 1823-1900）提出假說，主張使用印歐祖語的亞利安人分布範圍東起印度、西至歐洲。

「亞利安」（Aryan）一詞在梵文中的意思是「高貴的」，而印度—伊朗語系的語族也自稱「亞利安」，繆勒據此解釋他們都是印歐語系祖語的使用者。「亞利安人是歐洲人、波斯人、階級高

的印度人的共同祖先」這種說法廣為流傳，「印歐語系」這種語言學上的概念，於是被當時充滿歧視的「人種」概念取而代之。

對於印度的宗主國英國而言，繆勒的假說恰逢其時。白種的亞利安人征服印度的原住民，為了控制他們而將之劃分為四個階級，這樣的作法讓印度教徒陷於混亂。此外，還有說法指出，許多居住在印度北部的上層階級是亞利安人，因此貌似西方人，外表明顯異於印度南部的下層民眾，這也造成印度社會的分裂。

而在繆勒提出這項假說前不久，法國的東方學學者戈比納（A. de Gobineau）在《人類不平等論》（*Essai sur l'inégalité des races humaines*, 1853-1855）一書中，為了強調白人的優越性而使用「亞利安」一詞，並宣稱歷史上所有偉大成就都是亞利安人完成的，這樣的「亞利安神話」最後被納粹採用。

英國的張伯倫（Huston S. Chamberlain, 1855-1927）進一步闡述戈比納的說法。張伯倫是德國作曲家華格納（Wilhelm Richard Wagner, 1813-1883）的女婿，在其著作《十九世紀的基礎》（*The Foundations of the 19th Century*, 1899-1901）中，他盛讚傳承純正亞利安人血統的日耳曼民族，並提倡亞利安血統不得被閃族（Sem，閃語系，包括希伯來語、阿拉伯語，在此兼指語言學及人種的集團）之血所污染。納粹就根據這些主張，對猶太人、羅馬尼人（舊稱吉普賽人）、斯拉夫人進行大屠殺。

前文提及瓊斯的論文，原本只是語言學上的發現，後來卻被有心人與人種之說相連結，非但毫無科學根據，最後更被政客濫用。第二次世界大戰之後，「亞利安學說」、「亞利安神話」都成

了禁忌話題，但現在仍有少數人信奉。

　　基於印歐語系研究而發展起來的比較語言學，將全世界的語言分爲亞非語系（舊稱閃〔Sem〕含〔Hem〕語系）、烏拉爾語系（Ural）、達羅毗荼語系（Dravida）等大約二十組。至於日語，目前仍不清楚其所屬語系，因此有人主張把日語和琉球語合稱爲日本語系。

官方語言及國語

　　日本人向來自認是單一民族國家，因此生於日本，自然而然會以日語爲母語，學校也將日語當作國語來教授。日本的官方語言只有日語，這件事對住在日本的大多數人來說是理所當然的，但對多種族的國家而言，情況可沒這麼簡單。

　　日語中的「國語」一詞，是西元一九○一年（明治三十三年）日本制定「國語科」作爲「國體的標幟」後開始使用的語彙，爲日語中特有的用語。「國語」含有不重視其他民族語言的意義，極端民族主義的色彩非常濃厚。反觀英國的小學並未教授國家的語言（national language），只有教英語（English）；日本刻意將日語稱爲國語，是相當特殊的現象。

　　另一方面，「官方語言」是政府使用、規定的語言，並不含如同「國語」的象徵意義。在多語言國家，政府機關若認可使用所有語言，將會妨礙公務運作，因此必須規定使用特定的語言。比方瑞士就有德語、法語、義大利語三種官方語言，但有些讀者

可能會質疑：「瑞士應該有四種國語才對。」沒錯。瑞士的第四種國語是律特羅曼語（Rhaeto-Romance。譯註：阿爾卑斯山脈某些地方使用的羅曼語，尤指瑞士東南部和義大利北部使用的語言），其用意在保護少數民族的語言。確切地說，此處的「國語」是「國家語」。國家語意指「政府認可的各種語言」，和日語中的「國語」不同。不過以下所使用「國語」一詞，即代表「國家語」之意。

絕大多數國家沒有特別制定國語，就算有，國語與官方語言完全沒有重複的國家，也不在少數。尤其是印度和非洲各國，一個國家由許多民族組成，各民族有不同的語言，加上這些國家過去長期被殖民，也使用前殖民者的語言，語言的使用情況當然極端複雜。以印度來說，除了聯邦官方語言北印度語（Hindi）、準官方語言英語之外，印度憲法認定的語言還有阿薩姆語（Assamese）、孟加拉語（Bengali）、泰米爾語（Tamil）等，共計十七種，其中很多都是地方的官方語言。當然，還有數不清的其他少數語言，並沒有民眾能完全理解的共同語言。

至於非洲，北部的阿拉伯文化圈官方語言為阿拉伯語，撒哈拉以南則超過半數以法語、英語等前殖民者語言為官方語言。以民族語言為唯一官方語言的，有衣索比亞等國；有些國家以法語或英語，加上民族語言共同作為官方語言，例如南非共和國以南非荷語（Afrikaans。譯註：由荷蘭語衍生的語言）、英語、祖魯語（Zulu）等十一種語言為官方語言。也有些國家在官方語言之外，另定民族語言為國語，例如幾內亞以法語為官方語言，而以八種民族語言為國語。又如馬利的官方語言也是法語，此外以四

種民族語言爲國語。

印度也是如此。在這些多民族國家，英語或法語雖然只有知識份子使用，但它們也讓各民族間有了一種共通的語言。因此，英語或法語雖然是前殖民統治者的語言，作爲官方語言卻不會讓人特別抗拒。

另一方面，獨立國協（CIS）及波羅的海三小國（愛沙尼亞、拉脫維亞及立陶宛），亦即組成前蘇聯的各個國家，曾在史達林時代結束後，反抗強制使用俄語和西里爾文字（Cyrillic）。前蘇聯成員國獨立後，超過半數的國家將民族語言定爲唯一官方語言，例如亞塞拜然的亞塞拜然語（Azerbaijani）、塔吉克的塔吉克語（Tajiki）。由此可見，刻意將官方語言和俄語區隔是種民族主義的手段。就這點來看，前蘇聯各國的官方語言跟日本的「國語」具有類似的象徵意義。

此外，日語研究的總部「國語學會」，在二〇〇四年成立六十週年之際更名爲「日本語學會」。日本各大學及其他研究機構中，過去名爲「國語學」、「國文學」等主修學科，接二連三更名爲「日本語學」、「日本文學」。這種趨勢逐漸成爲主流，因此現在日本有半數的大學都改採後者爲學科名稱。

少數族裔的語言及相關語言政策

即使境內有多達一百五十種語言，蘇聯最初仍基於民族自決的大原則，保障各民族學習母語的權利。但不久之後，政府組成

新的蘇維埃（Soviet），為提升俄語成為蘇維埃的共通語言、而不只是「族際語」，蘇聯實施雙語制，強制民眾使用俄語，其次才是各民族的母語。此外，當時西里爾文字被視為帝政時期民族壓迫的象徵而遭捨棄，蘇聯推動以拉丁文字為表記系統的識字教育。然而十幾年後，西里爾文字復活了，就連原本有意傳承固有文字的各民族，也被迫使用。對於當年蘇聯這個多民族國家來說，語言政策應為民族政策之要，但卻走上錯誤的道路。

少數族裔的語言正逐漸滅亡。國家不重視、不保護少數民族的文化，是很自然的事。然而有些少數族裔會保護母語，抵抗這看似必然的結果。也有人並無積極作為，而被多數族裔的語言環境所吞噬；事實上這種情形較常見。許多人置身於以母語為恥的環境中，如果只會母語，對自己實在沒有好處。蘇聯表面上保護少數民族的權利，但整個社會卻有種「不說俄語就不是俄國人」的心態——雖然以俄語為中心、強制統合國家的史達林，本身是少數族裔喬治亞人。

已經消失或正在消失的語言，大多數是沒有文字的。有人說沒有文字的語言比較差，但似乎不能如此定論。不過，把文字表記系統引進沒有文字的社會，某種程度上可以阻止語言衰亡。就這個意義而言，蘇聯將書寫系統導入西伯利亞等沒有文字的少數民族，值得稱許。

另一方面，對於一些和俄語不同語系、且有其固有文字的語言，例如蒙古或土耳其語系各語言，蘇聯強制其改用西里爾文字來標記，這也是一種「政策」。例如為了區分蒙古的蒙古語和中

國內蒙的蒙古語，其手段就是變更文字表記法。

民族語言及少數族裔語言的命運，確實受國家的語言政策所操縱。不過重要的是，在受政策操縱之前，使用者如何看待自己的母語。少數民族推行語言復興運動、最後促使國家改變政策的實例不在少數，以下便是三例。

十九世紀末到一九六〇年代，紐西蘭的原住民毛利人（Maori）被迫接受同化政策。但毛利人自發性地發起毛利語復興運動，於一九八二年創設了修習毛利語的初等教育機構「Te Kohanga Reo」（語言巢），後來也開辦施行毛利語教育的小學（Kura Kaupapa Maori）以及高等教育機構。毛利人遭到白人壓迫，土地為白人掠奪，直到現在他們和政府之間仍然存在許多問題，但至少藉著推動以語言為首的傳統文化復興運動，政府方面也將毛利的傳統文化視為觀光資源而積極保護、宣傳。一九八七年，毛利語和英語並列為紐西蘭官方語言。

英國的威爾斯和蘇格蘭、愛爾蘭一樣，都以極具特色的原住民凱爾特（Celt）民族傳統文化而聞名於世。威爾斯推行「威爾斯國家主義」運動對抗英格蘭，強調以威爾斯語為主的傳統文化的重要性。二十世紀中葉起，威爾斯人努力推動威爾斯語復興運動，到了一九六七年，威爾斯語始與英語平起平坐，並且在一九八八年成為威爾斯各個學校的必修科目。

西班牙各個地區都有很高的獨立性，尤其加泰隆尼亞格外堅持加泰隆尼亞人的認同感、使用加泰隆尼亞語（Catalan）。加泰隆尼亞語和西班牙語（卡斯提爾語〔castellano〕）非常近似，但

企圖擴大自治權的西班牙自治區
加泰隆尼亞地區以外，提出強化地方自治權的各省皆以較深色塊
標示。加那利群島也提出獨立的主張。

中世紀時加泰隆尼亞地區即擁有異於卡斯提爾地區的文化，是獨
立的一大文化區。即使後來加泰隆尼亞人接受卡斯提爾的統治，
被迫使用卡斯提爾語，加泰隆尼亞語也遭到禁用，他們仍守護著
固有的語言，其中蘊含了抵抗卡斯提爾的意識。

　　經過十九世紀的語言復興運動，加泰隆尼亞不但在一九三二
年獲得自治權，也得以重新使用加泰隆尼亞語。但西班牙內戰（一
九三六至三九年）後，佛朗哥（Francisco Franco,1892-1975）獨
裁政府鎮壓民族主義，再次禁止民眾公開使用地方語言。一九七
五年，佛朗哥總統去世，加泰隆尼亞成立自治政府，加泰隆尼亞
語和卡斯提爾語並列為自治區的官方語言。後來，自治區的語言
政策以加泰隆尼亞語為優先，因此近年還曾發生西班牙國內的小
學卻無法接受西班牙語教育的情形。

　　加泰隆尼亞民族主義運動以落實加泰隆尼亞語爲代表，在政治上則以擴大自治權爲主。在西班牙，由於很多省份要求擴大自治權，許多人擔心這種地域主義過於擴張而無法收拾。

　　以上是毛利人、威爾斯人和加泰隆尼亞人推動語言復興的實例。接著再舉一例，但與少數民族語言或母語無關，情況較特殊，即希伯來文（Hebrew）的「復活」。

　　以色列的猶太人及其他族裔人民所講的現代希伯來語，並不是從已成「死語」的古希伯來語復活而來。實際上，希伯來語是學者和神職人員勉力傳承下來的，向來被當作書信記錄的語言，兩千年下來，人們交談所用的已完全不是這種語言。一八八一年從立陶宛移居巴勒斯坦的猶太人耶胡達（Eliezer Ben-Yehuda, 1858-1922。耶胡達從《聖經》的希伯來文創造出現代希伯來文，於一九二〇年代編寫了第一部當代字典，讓聖經方言在極短的時間內轉化爲活的語言，他因而被譽爲現代希伯來文之父），幾乎完全靠一己之力，讓希伯來語再次成爲會話用的語言，並努力推廣普及。以色列建國後，希伯來語就成了來自各地的猶太人共同使用的語言，也是維持猶太人認同感的強力支柱。

　　還有一些語言非常罕見，在變成「瀕臨絕種的語言」後，竟然還能藉著紮實的復興運動起死回生。

　　過去，一般認爲民族和語言的關係極爲密切，然而在現代社會中，遷徙和混血的情形大幅增加，一些少數民族語言因爲未妥善保存而面臨滅亡，因此民族和語言的關係已不像過去那麼單純。語言被視爲民族認同感的基礎，但能否意識到這一點，依民

族、集團（group）、個人的不同而有程度上的差異。不過，雖然有許多語言正在消失，與民族認同感密切相關的語言復興運動，或許今後會更加盛行。僅僅憑藉普及的英語而大受裨益的網際網路等大眾媒體，也應該成為保護少數語言的利器。

曼島語的復活與原住民意識

把語言的滅亡比作動、植物的絕種，進而認為少數族裔的語言應該受到保護，這種想法是全球的共識。儘管如此，少數族裔語言被各國主要民族扼殺而滅亡的情形，今後還是會一再發生。此外，背負少數族裔語言命運的民族，最後自動拋棄母語的也很多。過去，全球號稱有一萬多種語言，隨著文化的多樣性逐漸喪失，語言的數目也大幅減少；而固有語言消失的速度，今後只會更加快速，其原因正是「全球化」，也就是「地球各種文化均一化」的結果。目前全世界使用的語言到底有多少種，不可能得出精確數字，一般估計大約有五、六千種。而根據推測，其中有九成會在一百年內滅亡。

不列顛島和愛爾蘭之間的曼島（Isle of Man）知名度不高，但全球最早的摩托車賽「曼島 TT（Tourist Trophy）賽車」於一九〇七年在此舉行，因此曼島被稱為「二輪賽車聖地」。

二〇〇六年的曼島 TT 車賽，吸引日本東京都知事石原慎太郎前往考察。因為東京都三宅島在火山爆發後無法復原，而石原慎太郎計畫利用島上公共道路舉行摩托車賽，以振興三宅島，因

蘇格蘭

愛丁堡

北愛爾蘭

曼島

都柏林

利物浦

倫敦

此和三宅村村長等人走訪曼島。曼島人在推動族群認同感與其語言之際，也正在進行饒富趣味的計畫。

曼島為英國領地，擁有自治權，不屬於大不列顛與北愛爾蘭聯合王國。曼島的外交和軍事雖然委任英國代理，議會與政府則獨立運作，也發行自己的貨幣曼島英鎊（Manx Pound）。

過去曼島所使用的語言是曼島語（Manx），為凱爾特語系的一支，也稱為曼島凱爾特語，非常接近愛爾蘭語。最後一個會說曼島語的人於一九七四年去世，照理說這個語言應該會就此滅

亡，但是，自一九八〇年代末期起，經過努力復興與推廣，說曼島語的人確實持續增加。目前曼島語已成爲當地僅次於英語的第二語言，也成爲曼島的官方語言。正當全世界少數民族的語言接二連三消失，曼島語卻成功復活，這是非常罕見的例子。

此外，近年來曼島出身的民族主義者自稱原住民（Indigenous People），藉此與島外移入的民眾區別。關於原住民與原住民族，本書另闢一章詳述，但曼島人以英語爲母語，外表看起來也和一般英國人完全一樣，卻冠上「原住民」之名，讓人覺得有點牽強。總之，這幾十年間曼島人培養的民族意識，跟曼島語的振興、復活有非常密切的關係。

曼島人開始使用「原住民」一詞，是一九六〇年代以後移居此地的人口急遽增加之後的事。一般而言，歐洲的移民、遷徙造成問題，都是因爲民眾由貧困地區遷移到富裕地區，導致治安惡化與失業率攀升。但曼島的移入問題卻完全相反。

鼓勵「新住民」（new resident）移居曼島的是曼島政府，其原意是要解決當地人口不斷減少的問題。爲了吸引企業前來，曼島大幅降低法人賦稅，果然吸引富有的新住民遷入，促使曼島的經濟發展突飛猛進。

不過，曼島出身的人口比率也因而下降，到了一九九一年，其比率已不到半數。而且許多以前就居住在此的居民並未受惠於經濟發展，於是民族主義者的不滿逐漸高漲。當然，其矛頭指向新住民及提供新住民優惠政策的政府。二〇〇一年，政府便取消優惠新住民的政策。

自從聯合國訂一九九三年為「國際原住民年」（The International Year for the World's Indigenous People）以來，世界各地都愈來愈重視原住民的權利。「原住民」一詞很難定義，不過根據一般的說法，自古以來居住在某地域、保持傳統文化，後來遭移居該地的入侵者統治的社會所歧視，且社會環境不利於他們的人，稱為原住民。

對於新住民的增加，曼島的民族主義者將之喻為殖民主義，嚴詞批判，強調新住民的優惠政策讓他們的利益受損。從「原住民」一詞的使用，可以窺見世界各地的原住民所面臨權利問題之全貌。

自從世界各地的「原住民」受到注目，在此以前沒有「原住民」的曼島，就開始出現「原住民」了。

＊松尾有希子，〈今日的曼島「原住民」〉，收錄於「講座世界原住民族系列六」，《歐洲》一書。

曼島人口比例產生變化，造成社會動盪，因此開始有人質疑何謂「曼島人」。其實在一九七二年加盟歐洲共同體（EC，歐盟〔EU〕前身）的條約中，就定義了曼島人。根據這份文件，雙親及祖父母全都是曼島出生者，才可稱為曼島人。如果根據這項定義，曼島人僅占全島人口兩成（一九九六年四月所做的人口調查結果），是少數民族。因此，松尾有希子在論文中指出，民族主義者將曼島出身者全數稱為原住民，藉此和富裕的新住民區隔，難道不是刻意塑造遭外來者壓迫、歧視的弱者形象？

　　而曼島政府則認為，曼島人的定義並非根據血統，而是由個人的認知決定——亦即認同感的問題，因此重新定義，認為新的曼島人也包括新住民，比民族主義者認定的「原住民才是曼島人」涵蓋更廣。

　　因此，是不是自認為曼島人的認同感，跟是否使用曼島語息息相關。對民族主義者而言，曼島語可謂原住民的文化象徵。但實際上，以語言為核心的曼島文化復興運動，不僅原住島民關心，移入者同樣關切。曼島語教育實施的對象也不論出身背景。

　　一九九三年，曼島的中小學開始教授曼島語，距離曼島語真正的復興，還有很長的路要走；而即使復興曼島語，也很難取代英語，成為日常使用的語言。不同出身的人們共同使用這個島上的固有語言時，是否就會如政府設想的，確立新曼島人的民族認同感呢？這點值得注意。

語言的孤島，提升形象的巴斯克語

　　庇里牛斯山西端，由西班牙跨越至法國的地域稱為巴斯克（Basque）。巴斯克是拉丁語系的名稱，巴斯克人則自稱「歐斯卡爾杜納克人」（Euskaldunak），也就是「使用巴斯克語的人」。此外，巴斯克地區也稱為「Euskadi」（講巴斯克語之國）。民族名稱與地名都以「Euskal」為根本，這也是他們的民族認同之源。他們對於固有語言具有強烈的自覺。

　　巴斯克語經常被稱為「語言的孤島」或「歐洲的孤立語言」。

歐洲的語言除了匈牙利語、芬蘭語、愛沙尼亞語、北歐原住民的薩米語（Sami）、巴斯克語之外，大概都屬於印歐語系。而以上所舉的五種例外，除了巴斯克語，其餘都屬於烏拉爾語系，巴斯克語和其他語言沒有關聯，所屬系統不明。

關於巴斯克人的起源眾說紛紜，有人從血型的特徵（大多是O型、Rh陰性）、頭骨的形狀，嘗試解釋巴斯克人的系譜，但沒有得出定論。不過毋庸置疑的是，在使用印歐語系的人們入侵歐洲前，巴斯克人即已定居在庇里牛斯山脈，是不折不扣的歐洲原住民。

自古以來，巴斯克人接觸過凱爾特人、羅馬人、日耳曼人以及穆斯林等眾多民族，但歷經數千年，仍保有固有的語言及文化。十世紀時，鄰近巴斯克地區興起的納瓦爾王國（Navarra），影響力曾短暫及於附近區域。後來巴斯克雖受卡斯提爾人統治，仍長期擁有地區特權。

伊比利半島（Iberia Peninsula）曾歷經長達近八百年的收復國土運動（Reconquista，可直譯為「再征服」）。八世紀初，伊斯蘭世界擴大版圖而入侵伊比利半島，迫使基督教信徒遷徙至半島北部；基督徒為了收復國土進行長期抗戰，此即收復國土運動。在這過程中，產生了葡萄牙、卡斯提爾、亞拉崗（Aragón）等具代表性的王國，其間各國不斷分合，最後在十二世紀建立葡萄牙王國，十五世紀時，卡斯提爾與亞拉崗合併為西班牙聯合王國。

巴斯克人踴躍參與收復國土運動，後來在大航海時代（又稱為地理大發現，係指十五至十七世紀，世界各地尤其是歐洲所發

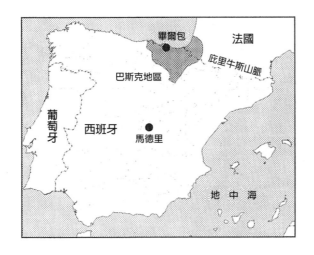

起的廣泛跨洋活動），巴斯克人也居功厥偉。巴斯克人擅長航海，
因而有人認爲他們比哥倫布早一百年至兩百年航行到美洲大陸。
大航海時代，於麥哲倫（Ferdinand Mangellan, 1480-1521）死後
帶領船隊航行世界一周的埃爾卡諾（Juan Sebastian Elcano,
1486-1526）就是巴斯克人，西班牙無敵艦隊中也有許多巴斯克
人。

　　天主教的傳教工作也和巴斯克人密切相關。耶穌會創始人羅
耀拉（Ignatius de Loyola, 1491?-1556），以及後來前往日本傳教
的沙勿略（St. Francis of Xavier, 1506-1552）都是巴斯克人。葡
萄牙與西班牙在成功收復國土後，趁勢前往美洲大陸及亞洲各地
傳教，同時展開征服各地的殖民運動。而這「黃金時代」背後的
支柱，可以說就是巴斯克人。

　　沙勿略的父親是納瓦爾王國的宰相。二〇〇六年是沙勿略五

百歲冥誕，西班牙納瓦爾自治區舉行了許多慶祝活動。

自古以來，巴斯克人有一項代代相傳的習俗：長老們會聚在大橡樹下商討族人問題。「格爾尼卡（Guernica）的神木」，就是這樣的橡樹。格爾尼卡是巴斯克地區核心都市畢爾包（Bilbao）附近的小鎮，但位於其中心的「神木」與小鎮本身，可說是巴斯克自由及民主主義的象徵。中世紀以來，統治巴斯克的歷代卡斯提爾國王，都會在格爾尼卡的神木下宣誓保障此地的特權。

一九三七年西班牙內戰期間，支持佛朗哥的希特勒空軍無情空襲這具有特殊意義之地。佛朗哥的獨裁政權長達三十六年（一九三九至七五年），內亂頻生以致國土荒廢，並讓格爾尼卡成為納粹攻擊的目標。西班牙畫家畢卡索旅居巴黎時，深受這起事件衝擊，而在其著名畫作〈格爾尼卡〉中描繪出深沉的憤怒。象徵自由、民主的格爾尼卡和畢卡索的畫作，都成了二十世紀的遺產，烙下了恐怖戰爭的印記。

巴斯克人具有強烈的獨立意識，而厭惡民族主義的佛朗哥禁止他們使用巴斯克語。一旦被視為反佛朗哥派，巴斯克人就會遭到反覆拷問、強行下獄。為了反抗這些不合理待遇，一九五九年，「艾塔」（ETA，意指「巴斯克祖國與自由」）組織誕生了。六○年代後半葉開始，艾塔組織加強恐怖攻擊活動，即使佛朗哥去世後西班牙進入民主時代，艾塔組織的軍事部門仍持續運作，執行汽車爆炸事件，並且暗殺政要。因此，巴斯克人常讓人覺得是好戰的民族。

二○○四年三月十一日，馬德里的火車爆炸事件，造成近兩

百人喪生。這起事件雖很快被斷定爲基地組織相關團體所爲，但第一時間西班牙當局一口咬定是艾塔組織的恐怖攻擊。一般認爲，這是因爲當時人民黨（Partido Popular）的首相阿斯納爾（Jose María Alfredo Aznar Lopez），想將自己支持小布希政府並動員軍力前往伊拉克造成的後果嫁禍給艾塔組織。因此這起事件發生三天之後，阿斯納爾政府在總選舉中失利下台。順帶一提，一九九五年，還沒成爲首相的阿斯納爾曾是艾塔組織暗殺計畫的目標。

阿斯納爾執政期間立法禁止分離主義政黨，迫使隸屬艾塔組織政治部門的「巴斯克團結黨」（Batasuna，巴斯克語，意謂「團結」）非法化，並聯合法國當局舉發艾塔組織的強硬派人物。九一一事件以來，對各國領袖來說，「反恐作戰」成爲鎮壓棘手的國內民族運動的絕佳名目。阿斯納爾政府徹底打擊艾塔組織即爲一例，但是將基地組織的攻擊行動嫁禍給艾塔組織，反而成爲阿斯納爾和人民黨的絆腳石。另一方面，艾塔組織本身式微，加上順應世界「反恐」潮流，於是便不再劍拔弩張了。社會勞工黨（PSOE）取代人民黨成爲執政黨後，首相薩帕特羅（Jose Luis Rodriguez Zapatero）於二〇〇六年接受艾塔組織公開提出的「無期限停戰宣言」，宣告開始進行和平談判。

在野黨人民黨強烈反對和平談判，他們主張恐怖份子是無法談條件的。薩帕特羅政府與艾塔組織都在摸索平衡點，這是國內外關注的焦點，然而艾塔組織的主張應該不太可能獲得認可。艾塔組織的目標在於將位於西班牙的巴斯克自治區、納瓦爾自治區與法國巴斯克地區合併爲「巴斯克國」，獨立成爲社會主義國家。

但在法國巴斯克地區，幾乎不見呼應這項主張的反應。艾塔組織主張法國也應該參加和平談判，但法國當局態度冷淡：「巴斯克問題是西班牙的問題。」

在西班牙，巴斯克自治區和納瓦爾自治區都已是擁有徵稅權的高度自治區，已經沒有擴張自治權的空間。此外，巴斯克地方是西班牙國內經濟特別發達之地，平均個人所得很高。以畢爾包為中心的地區，自古以來就因造船、鋼鐵等重工業及金融業而相當繁榮，近年來改變產業結構為資訊、服務產業，結果也很成功。就表面來看，巴斯克幾乎已脫離「遭轟炸的格爾尼卡以及被佛朗哥壓迫的少數民族」形象。因此，「受中央政府迫害而必須尋求獨立」這理由並不為採納。

積極支持艾塔組織的巴斯克人本來就只占一小部分，而且隨著地域不同，人們的支持程度也不一樣。巴斯克自治區和納瓦爾自治區對這個問題的反應，就相當兩極。巴斯克自治區北部特別支持巴斯克民族主義，很多巴斯克人支持否定恐怖攻擊並尋求獨立的穩健政黨。而在納瓦爾自治區，一般來說都對艾塔組織抱持強烈的警戒心及嫌惡感，追求獨立的意願並不強。

諸如此類的差異，也可從說巴斯克語的人口比率看出端倪。巴斯克自治區及納瓦爾自治區都是以巴斯克語、西班牙語（卡斯提爾語）為官方語言，但兩區使用巴斯克語的人數略有不同。巴斯克自治區積極推廣巴斯克語，而區中三省以吉布斯科亞（Guipuzcoa）使用者最多，估計約半數；比斯開（Vizcaya）則占兩成；南部的阿拉瓦（Alava）占一成多。這些地區使用巴斯克

語的人，都是在二十世紀最後十年間增加的。而納瓦爾自治區使用巴斯克語的人占一成左右，比率沒什麼變化。身為巴斯克人的認同感，或是各地巴斯克民族主義的強弱程度，可以說能從民族的象徵──語言的使用頻率來分辨。

匈牙利語是亞洲語系

匈牙利（Hungary）常被稱為「歐洲中的亞洲」。其國名的由來，一說是從「匈奴」（Hun，意為「強人」）轉化而來。匈奴於四世紀中期開始，統治西羅馬及東羅馬帝國以北廣大地區，約達一世紀。匈奴據稱是蒙古族系中游牧民族的後裔，但事實為何不得而知。

關於匈牙利國名是否與匈奴有關，眾說紛紜，但匈牙利是匈奴帝國的根據地，這點應該錯不了。「Hungary」若果真是「Hun之國」，則匈牙利可說是匈奴民族在歐洲留下的唯一遺產。然而匈牙利語屬於亞洲語系，並不是因為繼承匈奴的語言。

匈牙利人自稱馬札兒人（Magyar），稱其語言為馬札兒語。馬札兒人是繼匈奴及其後在同地區建立帝國的阿瓦爾人（Avar）之後，前進匈牙利盆地的第三個亞洲游牧民族，也是現代匈牙利人的祖先。

馬札兒人居住於窩瓦河（Volga。譯註：歐洲第一大河，源於前蘇聯西北部，注入裏海，全長三六九〇公里）中游流域到烏拉爾山之間的草原地帶，語言屬於烏拉爾語系，而非印歐語系。

匈牙利語（或謂馬札兒語）和歐洲的拉丁語系、日耳曼語系、斯拉夫語系屬於不同語系的最佳證據，就是其姓名表記方法和中國、日本一樣，姓在前而名在後；此外，住址的書寫方式也是大區域在前，可以說非常亞洲化。除了語言，匈牙利饒富亞洲味的證據還有農民口傳下來的民謠，其旋律異於歐洲，是五音階，跟中國傳統音樂、日本的古琴有相似之處。

馬札兒人進駐匈牙利盆地大約是在九世紀末。馬札兒人征服了當地的原住民及斯拉夫民族，學習農耕並定居下來。十一世紀初，統一馬札兒各集團的國王聖伊什特萬一世（I. Szent István, 970?-1038）轉而信仰基督教，組織匈牙利王國。於是亞洲游牧民族馬札兒人，就成為西方基督教的一員。

然而，烏拉爾語系中的芬蘭語及愛沙尼亞語，都可說是馬札兒語的遠親。芬蘭人及波羅的海三國的人（愛沙尼亞、拉脫維亞、立陶宛，都屬於印歐語系）有相當高的比例是金髮碧眼，跟我們

印象中的北歐人很像。其中，愛沙尼亞人或許還繼承了亞洲游牧民族的語言。

芬蘭語、愛沙尼亞語及馬札兒語，一起構成了烏拉爾語系中的芬諾烏格利語系（Finno-Ugric）。大約在西元前四千年到前三千五百年之間，芬諾烏格利語系的使用者是窩瓦河流域民族的祖先。有很長一段時間，芬諾烏格利語流傳於俄羅斯到斯堪地那維亞半島間的廣大地域。這段期間，愛沙尼亞人移居波羅的海沿岸，芬蘭人（芬蘭國民中的主要民族，亦即一般狹義上的芬蘭人，自稱蘇米人〔Suomi〕）則北上。愛沙尼亞人及芬蘭人祖先北遷的時間，約在紀元之前。大約千年以後，馬札兒語與其他語言和分道揚鑣，雖然被歸類於同一語系，但一看就知道它們全然不同。

在芬諾烏格利語系民族的發源地窩瓦河中游流域，現在還住著與祖先同種的少數民族。其中的馬里人建立了前蘇聯馬里共和國（Mari El）。馬里語因為受土耳其語影響而產生許多變化，但馬里人的音樂則和匈牙利音樂一樣，具有東亞的旋律。指出這點的，是匈牙利代表性作曲家高大宜（Kodaly Zaltan, 1882-1967，Kodaly 為姓氏）。眾所周知，高大宜和匈牙利知名作曲家巴爾托克（Bartok Bela, 1881-1945，Bartok 為姓氏）都蒐集並研究流傳在匈牙利各地的民謠。他們在二十世紀初民族主義意識抬頭的時代，四處蒐羅傳承馬札兒人認同感的民謠，深入研究，對於民族音樂學有非常重大的貢獻。高大宜除了研究馬里人的音樂，也進行遠東各民族音樂的比較研究，希望能透過音樂學來了解馬札兒

人的民族系譜。

東帝汶複雜的語言狀況

　　二〇〇二年，名義上為葡萄牙屬地的東帝汶（East Timor），擊退了實際的統治國印尼，完成獨立。

　　帝汶島位於從爪哇島延伸至澳洲的小巽他（Sunda）群島之東端。帝汶即意指「東方」。面積約一萬五千平方公里的這個國家，九十萬居民中，美拉尼西亞裔的原住民為數最多，此外亦有馬來裔、華裔、葡萄牙裔等居民。帝汶使用的主要語言，除了印尼語和當地語言德頓語（Tetun，葡萄牙語、英語等作 Tetum），其他地方語言多達數十種，由此可見，並沒有所謂的「帝汶人」這個民族，東帝汶的獨立並非民族分裂運動所造成的。東帝汶居民大多信仰天主教，但東帝汶問題也不是與印度伊斯蘭教進行宗教抗爭所引起的。

　　一言以蔽之，東帝汶的問題是政治問題。帝汶島會被劃分為東半與西半，要追溯到長達四世紀的殖民時期，那是當時的統治者荷蘭人與葡萄牙人妥協的結果。第二次世界大戰期間，帝汶島由日本軍隊佔領。戰後，原本為荷蘭領地的西帝汶成為獨立後的印尼的一部分，東帝汶則仍是葡萄牙領地。一九七四年，葡萄牙國內誕生了左派政權，東帝汶的獨立時機也應運而生（該年四月二十五日，葡萄牙發生史稱康乃馨革命〔Revolucao dos Cravos〕的左派軍事政變，之後上台的左派政府實行「去殖民化」政策）。

當時東帝汶誕生了好幾個政黨，其中爲首的，是訴求完全獨立的
「東帝汶獨立革命陣線」（Revolutionary Front for an Independent
East Timor，通稱 Fretilin）。以併吞東帝汶爲目標的印尼，此時
開始進行情報戰。

　　東帝汶若因政黨間的抗爭而動盪不安，印尼軍方就可趁虛而
入。印尼的情報戰告捷，一九七五年，東帝汶爆發內戰。葡萄牙
政府辦公室自東帝汶首都迪里（Dili）撤離，印尼的「志願軍」

立即展開軍事介入。

東帝汶獨立革命陣線的領導階層是葡萄牙裔。帝汶島的原住民受夠了殖民者的人頭稅等苛政，並沒有把上層社會的葡萄牙裔居民當作自己人。不過，東帝汶獨立革命陣線中向來有許多批判殖民主義的民族主義者或社會主義者。此外，東帝汶居民普遍信仰天主教，他們極力避免被語言、宗教、習慣都不同的印尼統治，於是自然而然向東帝汶獨立革命陣線靠攏。因為獲得民眾壓倒性的支持，東帝汶獨立革命陣線宣布獨立為「東帝汶民主共和國」。而主要以爪哇島等地的馬來裔居民為主的反對勢力，則宣布與印尼合併。印尼軍隊藉此名義全面入侵東帝汶，強行將之合併。

印尼一連串的戰略中，後來造成鉅大影響的，是散布「東帝汶獨立革命陣線是共產黨」的消息。東帝汶獨立革命陣線雖是左派，但不是共產黨。然而被印尼貼上共產黨標籤後，歐美各國及日本就棄東帝汶於不顧。一九七五年越戰終結，柬埔寨與寮國產生共產政權，當時的東南亞處於東西關係極度緊張的年代。

當時印尼的蘇哈托（Suharto, 1921-2008）政府高舉反共的旗幟，稱東帝汶為「東南亞的古巴」，因此以美國為首的西方各國理所當然支持印尼。對美國來說，越戰結束後失去了一大軍售市場，印尼正好適時取而代之。而印尼對日本而言，則是重要的資金投資地及資源供給來源。

殖民時代的傷痕，雖然左右著東帝汶過去的命運，但東帝汶現今的問題，則是受到冷戰及國際經濟因素影響、各國傾向於協助印尼。然而不管在什麼時代，這個小島的命脈都受到大國的私

利所牽動。

　印尼軍方侵略東帝汶後，亦全面管制其新聞報導。在封閉的國土內，軍隊不但進行大規模屠殺，姦淫擄掠、拷問、入獄有如家常便飯。此外，東帝汶也發生了大飢荒。印尼還將奪自東帝汶人的土地，贈予爪哇或峇里島移民來的居民，並強制東帝汶婦女服用避孕藥，違反人道地限制生育，亦強迫東帝汶人使用印尼語。經歷這番侵略，東帝汶犧牲人數達二十萬人以上，文化及經濟等所有層面都遭到壓迫，令人聯想到納粹對猶太人進行的「大屠殺」。

　另一方面，東帝汶獨立革命陣線仍持續頑強抵抗。東帝汶首任總統沙納納‧古斯芒（Kay Rala Xanana Gusmao）當時擔任獨立革命陣線軍隊司令官，在他的指揮下，在山地各地進行的游擊戰屢次告捷。此外，在印軍發動侵略不久前出國的東帝汶獨立革命陣線發言人拉莫斯‧霍塔（Jose Ramos Horta），則將東帝汶的慘狀公諸於國際社會，由於這個功績，他獲得一九九六年諾貝爾和平獎。另一位得獎人為貝洛（Carlos Belo）主教，他是守護人民人權的天主教教會領導人，還向聯合國揭發東帝汶的慘狀，並且提出信函、尋求自治權。

　東帝汶得以獨立，除了拜東帝汶獨立革命陣線從事抗戰之賜，也是國際社會參與的結果，但我們不能忽視「冷戰結束」這個背景。自從共產主義不再是美國的威脅，美國便主張「人權外交」，轉而批判印尼。美國的假想敵不再是前蘇聯，而變成伊斯蘭國家。一九九八年五月，在印尼人民要求下台的聲浪中，蘇哈

托總統長達三十二年的獨裁政權終於落幕。其實，現代東帝汶的問題，正是獨攬政、財、軍的蘇哈托政權利用東西對立情勢、與西方各國結盟所導致的。續任的哈比比（Habibie）總統雖然表示承認東帝汶獨立，但在東帝汶實際獨立之前還是引發了數起慘事。

言歸正傳，接著回到本章的主題：語言。

東帝汶的新憲法中，明定德頓語及葡萄牙語爲官方語言。德頓語是該地域大部分居民能夠理解的地方語言，它整合許多方言，能發揮共通語言的功能，但在國際間並不通用。葡萄牙語方面，現在當地的中、老年人雖仍嫻熟精通，但自從印尼軍入侵後，開始鎮壓使用葡萄牙語的民眾，因此三、四十歲以下的年輕世代幾乎都不懂葡萄牙語。至於印尼語，由於許多世代接受印尼語教育，居民幾乎都可以用印尼語溝通。德頓語本來就和印尼語很接近，若考量到身爲東南亞的一國，也有不少人主張也採用能和馬來語相通的印尼語爲官方語言。不過許多東帝汶人非常排斥因侵略而滲透進來的印尼人、印尼語。

論爭告一段落後，東帝汶決定以當地語言德頓語及舊宗主國語言葡萄牙語爲官方語言，但這個決定引發了使用德頓語等母語並以印尼語接受教育的世代之不滿。因爲如果不會說葡萄牙語，就等於阻斷了仕途及晉升社會菁英的機會。東帝汶政府的外交基本方針，是制定葡萄牙語爲官方語言、以維持與各國的特別友好關係，而獨立不久後它便加盟葡語國家共同體（Community of Portuguese-Speaking Countries, CPLP）。爲了在政治、經濟、文化

各方面進行合作，使用葡萄牙語的各國於一九九六年成立這個國際組織，目前的加盟國包括葡萄牙、南美的巴西、非洲的安哥拉、莫三比克、維德角共和國（Cabo Verde）、幾內亞比索（Guinea Bissau，西非國家）、聖多美與普林西比（Sao Tome e Prinoipe，西非島國），以及新加入的東帝汶，共計六國。

以葡萄牙語為優先的政策，遭許多人批評具有文化殖民主義的傾向。不過事實上，一般大眾非常喜歡葡語國家巴西的音樂。本來東帝汶的民眾就很喜愛音樂與舞蹈，因此融合森巴和搖滾的巴西流行音樂，在東帝汶要比印尼的流行音樂或是流傳全球的英語國家音樂更受歡迎。學習外語的捷徑就是聽歌，或許葡萄牙語超越政治上的種種問題而在當地滲透生根的日子就要來臨了。然而，民眾是否能讀寫葡萄牙語，則是另一回事。

二○○六年，由於東帝汶軍方內鬨，在首都迪里引發為期四個月的動亂，顯露東帝汶社會的脆弱與不穩定。政治體制不成熟、經濟方面依賴國際援助，這個新生國家背負著非常大的課題。為謀求未來發展，提升教育水準是東帝汶的當務之急，但現在不論是學校、教師、教育計畫，都嫌不足、不夠完善。此外，無法接受葡語教育的兒童為數眾多，升學與就業無疑會產生很大的落差。

另一方面，德頓語等當地語言，或許仍會被排拒在教育機構的大門外。現在東帝汶的年輕世代普遍不會說葡萄牙語，但不會說葡萄牙語又難以找到工作，這現象也顯示德頓語作為官方語言不過是形式罷了。只會說德頓語的民眾當然會覺得不公平，這種

傾向今後應該會暫時持續。東帝汶複雜的語言狀況，點出了領導這個國家有多麼困難。

民族文字的系譜

西元前三千年或更早之前，美索不達米亞的蘇美人（Sumer）在粘土板上記下的符號，被稱為人類最古老的文字。如果數萬年前人類的口語便已極為發達，那麼文字表記的發明時間應該相距不遠。然而，就在這五千年間，許多文字體系和民族的興亡與共，在創造出來後又消失了。

蘇美人的圖形文字或線狀文字、後來的阿卡德（Akkad）楔形文字，與蘇美文字約同時誕生並受其影響的埃及象形文字（hieroglyph）、埃及表記體系基礎的閃文字（原為迦南文字）、以及原始西奈文字等古代文字，在近現代學者研究解讀之前，都長久埋沒在歷史中。

西元前一千年左右，腓尼基人在現在的敘利亞附近為中心的廣大地中海世界從事貿易，他們以閃文字為本，開始使用腓尼基文字。與腓尼基人接觸的地中海周遭各民族，把腓尼基人創造的文字字形和系統做了各種變化、加以利用。希臘文字就是其中的代表，拉丁文和西里爾文字也是其產物。後來因為基督教及拉丁語的普及，拉丁文字在歐洲廣為流傳。凱爾特人的歐甘文字（Ogham）及日耳曼民族的古北歐文字（Rune，又譯「盧恩文字」）、哥特文字等受希臘文字或拉丁文字影響而創造出來的文字，後來

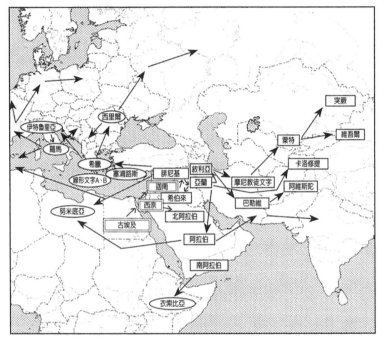

文字的傳播路線 方框表示由右至左書寫，橢圓框表示由左向右，雙框表示兩者皆可。

都被拉丁文取代。

與腓尼基文字有近親關係的文字之一，是敘利亞的亞蘭文字（Aramaic，西北閃族的語言）。亞蘭語和腓尼基語同屬閃語系，因基督教傳教之故，成爲古代近東諸國非常普及的國際語言。

由於亞蘭文字具有很大的影響力，因此成爲許多新文字體系的母體，例如現代的阿拉伯文及希伯來文。而亞蘭文字歷經幾個階段後，也成爲蒙古語之本。亞蘭文字的影響還遠及印度，催生了婆羅米文字（Brahmi，指由 Brahma〔梵天，另譯爲婆羅門、

婆羅摩，印度教主神之一〕創造的文字）；而婆羅米文字則讓印度官方語言北印度語的表記文字「天城體」（Devanagari）、孟加拉語、印度的古吉拉特語（Gujarati）、泰米爾（Tamil）、辛哈拉（Singhalese，爲斯里蘭卡的官方語言，此字爲「獅子的子孫」之意）等其周邊語言之文字表記趨於發達。

　　附帶一提，日本的卒都婆佛塔中的梵文，稱爲「悉曇」，其實是由「天城體」衍生而來的文字。悉曇是和佛教一起傳來日本，以眞言宗與天台宗爲主的密教視其爲非常尊貴之物。日本五十音圖的原型，就是從分析悉曇的音韻而來的。

　　另外，在閃語系傳入之前，印度河文明的文字完全獨立於其他文字體系之外；因爲沒有其他文字可供對照比較，一直無法解讀。不過有學者指出，大洋洲東部的復活節島（Easter Island）有一種直到十九世紀還在使用的謎樣象形文字，和這種印度文字非常接近。這個「發現」有二十世紀後半葉頗受歡迎的「失落的大陸」（Lost Continent，持這種論調的人認爲，地球上曾存在三個現已沉沒的大陸，分別是亞特蘭提斯大陸〔Atlantis，位於大西洋〕、姆大陸〔Mu，位於太平洋〕和雷姆力亞大陸〔Lemuria，位於印度洋〕）之說爲後盾，但現在一般則認爲，復活節島的謎樣文字是島民和白人接觸後創造出來的繪畫文字。

　　印度文字是以閃語系爲基礎，從印度文字又衍生出藏文和由它變形而成的不丹文字。甚至在東南亞，印度文字也陸續衍生出高棉文字和緬甸文字、寮文、泰文、峇里島文等。在地中海周邊發展起來的字母表（alphabet），其枝葉則擴展到歐洲、中東乃至

於東南亞。此外，衣索比亞目前仍然在使用的衣索比亞文字（Amharic，阿姆哈雷文字），可以追溯到西奈文字。而北非的柏柏語系的圖阿雷格人的文字，也是源自腓尼基文字。古代地中海世界的文字末裔，也在非洲大陸存活了下來。

大航海時代以後，全世界沒有文字的地區都引進了西方各國使用的拉丁文，使用拉丁文字的地域佔了全世界一半以上，和其具有兄弟關係的西里爾文字、具遠親關係的阿拉伯文字，以及數不盡的印度語系文字，都是系出同源。得知這一點後，更讓人覺得漢字及其衍生的日本假名文字，以及創於十五世紀、被稱爲世界上最有效率的表音文字韓文所代表的中國、日本及朝鮮半島的文字歷史，是多麽的特別。

而中國的少數民族，有些也擁有自己的文字。其中雲南納西族的東巴文字，是現今仍在使用的繪畫文字，它被運用在設計及電腦書寫體上，在日本特別受歡迎。東巴文字本來是記載於宗教儀式所用的經典上，只在特定場合使用，而讀得懂這種文字的東巴（祭司）幾乎已凋零殆盡。但是，正當東巴文字差點成爲歷史遺跡之際，一九九七年聯合國教科文組織（UNESCO）將雲南省麗江納西族的古街道登錄爲世界遺產，該地因而一夕成名，東巴文字也成爲觀光資源而起死回生。現在，愈來愈多的人抱著輕鬆的心態練習東巴文字，不再把它視爲嚴肅的經典文字。

第2章

民族與宗教

佇立沙漠中的哥普特教派阿布米納修道院〔埃及〕 在早期基督教時代，此為重要性僅次於耶路撒冷的朝聖之地，後因伊斯蘭教的侵略而衰敗。當時的宗教建築，現已被指定為世界遺產。

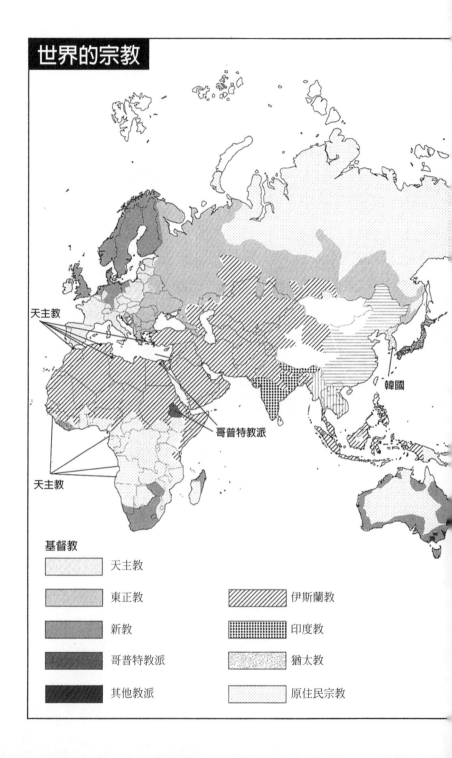

世界的宗教

天主教

哥普特教派

天主教

韓國

哥普特教派

基督教

	天主教
	東正教
	新教
	哥普特教派
	其他教派

	伊斯蘭教
	印度教
	猶太教
	原住民宗教

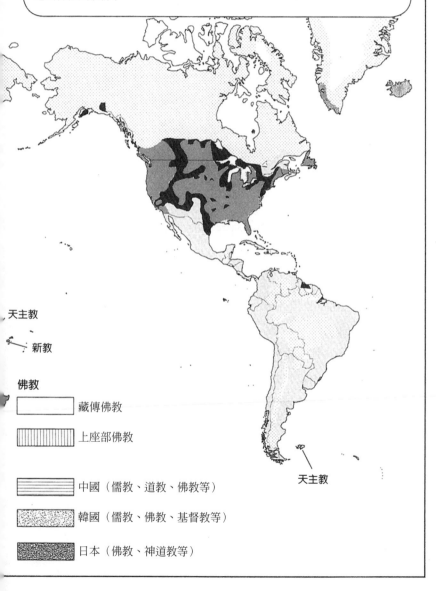

此處的地圖，只顯示大略的宗教勢力範圍，沒有哪個宗教只存在於特定的國家或地域，各個地區都是多元宗教並存。此外，本圖所提及的宗教，許多還有更細的分支、派別。

宗教是信徒認同感的支柱，有時與民族或政治的認同重疊，有時宗教分裂會造成各種民族紛爭。

天主教

新教

佛教

藏傳佛教

上座部佛教

中國（儒教、道教、佛教等）

韓國（儒教、佛教、基督教等）

日本（佛教、神道教等）

天主教

民族宗教、世界宗教

自太古以來，人類在敬畏超越我們認知的造物及現象的同時，持續發展著精神文化。規律人們生活、並對自然現象或生死循環提出說明的教誨，應該是被當作維持共同體的秩序不可或缺的智慧而傳承下來的。所謂宗教，從簡單的祈禱習慣，乃至於具有成套理論、聖典等有組織的思想體系，都可說是人類爲了與無法抵抗的某種巨大存在體達成和解、並維持社會和平所累積下來的智慧。

民族宗教，是指宗教實踐只停留在「民族的傳統活動」階段，沒有進行宗教實踐的共同體。世界各地有許多人們，代代將萬物有靈論（Animism，譯註：相信無生物及自然現象均有靈魂的信仰）、薩滿教（Shamanism）、圖騰信仰（Totemism）等被總括爲「原始宗教」的民族固有宗教相傳下去。

翻開《舊約聖經》可以立即發現，「上帝」是專屬於猶太人的上帝；〈出埃及記〉中，上帝自稱「希伯來人的上帝」；而摩西帶領的以色列人民，爲了逃出埃及而受盡埃及人的折磨；逃離埃及後，以色列人民透過摩西跟上帝訂立契約。由於具有「猶太人是上帝遴選的子民」這種思想，猶太教被視爲典型的「民族宗教」。不過現在猶太教敞開大門，不論出身皆可改信猶太教。

印度教也被認爲是印度次大陸各民族所信仰的民族宗教。但若把原本多樣的印度民族信仰總括爲「印度人的宗教」，再加上

過去印度教超越民族的差異而在東南亞廣爲流傳，印尼的峇里島甚至直到現在都受印度教文化支配，那麼就很難說印度教是典型的民族宗教。

其他民族宗教，還有和印度的旁遮普人（Punjab，南亞民族，主要居住在巴基斯坦的旁遮普省、印度的哈里亞那邦〔Haryana〕和旁遮普邦等地）淵源深厚的錫克教（Sikhism），以及印度少數民族帕西人（Parsi，意指波斯人）信仰的祆教（Zoroaster，又稱拜火教）。祆教發祥於古伊朗，一度具有極深遠的影響力，但後來因伊斯蘭教排擠而衰微。現在伊朗還有少數祆教信徒，但印度孟買的祆教信徒比伊朗多了好幾倍，人數達數萬人，他們被稱爲帕西人。

帕西人是在八世紀左右，爲了躲避伊斯蘭的迫害而集體移居的祆教徒子孫。鳥葬是祆教的傳統之一，現在這習俗在伊朗遭禁，但在印度仍可以舉行。一般人的印象中，少數民族多半墨守自古以來的傳統，但帕西人的表現則大異其趣。印度許多成功的企業家都是帕西人，例如印度兩大財團之一的塔塔財團（Tata financial group）從創業者到現在第五代負責人，都是帕西人。但祆教相當閉鎖，任何人若父親不是信徒，他就不會被視爲信徒；而且祆教不接受改變信仰的人加入，因此近年來信徒人數驟減。

與民族宗教相對的世界宗教，主要代表就是基督宗教（譯註：包括東正教、天主教、新教）、伊斯蘭教及佛教這三大宗教。其中，起源與猶太教相關的基督宗教及伊斯蘭教，信徒就占了全世

界人口的五成以上，據說總數超過三十億人。

基督宗教大致分為東正教與西方教派。西方的羅馬天主教超越國家與民族的界限、普及各地，而新教（Protestant，十六世紀初自羅馬天主教分裂出來的教派）各派別也沒有跟特定民族有顯著關聯。相對的，東正教則是每個地域、民族都有獨立的宗派。東正教各個民族都成立自治教會，習俗慣例各自獨立，反映出語言等差異。由於東正教和民族認同感習習相關，又被稱為「民族教派」。

冠上民族之名或地域之名的東正教派，包括希臘正教、俄羅斯正教、羅馬尼亞正教、保加利亞正教、喬治亞正教、塞爾維亞正教、阿爾巴尼亞正教派等，以及教義異於以上教派的亞美尼亞教派、哥普特（Copt，為埃及古文化）教派。而從東正教各派的眼光來看，羅馬天主教派也是地方教派的一種。

伊斯蘭教創立時，原本是阿拉伯人的民族宗教，後來卻廣為流傳，成為世界宗教。本書將於第六章更深入討論伊斯蘭教。這裡先舉幾個例子，他們被視為獨立的民族，是生活於非伊斯蘭世界的「穆斯林」（指「皈依神的人」，即伊斯蘭教信徒）。其中，中國的回族混有波斯人、阿拉伯人等民族的血液，是自唐代至元代從絲路來到中國的。波斯人、阿拉伯人與漢族長期混血融合，現在回族的容貌、語言都已和漢族沒有顯著差異，但是信仰及飲食文化、婚喪節慶等方面，回族都是延用以伊斯蘭教為基礎的風俗習慣。

回族幾乎可以說遍布中國各個省份。在中國，也有並非回族

而信仰伊斯蘭教的少數民族，例如維吾爾族、哈薩克族、吉爾吉斯族、烏茲別克族、塔吉克族、韃靼族、撒拉族、東鄉族、保安族等，他們大多是土耳其後裔，於清朝成為中國的一份子，仍保有自己的語言。而回族之所以是少數民族，其區別的基準主要是「是否為穆斯林」，這一點非常特別。

菲律賓的「摩洛人」也具有類似的歷史，這群人所懷抱的民族意識，便是維繫在「身為穆斯林」這種認同感上。在西班牙語中，摩洛（Moro）即指摩爾人（指雅典時代的蠻族），其語源和茅利塔尼亞（Muritaniya）、摩洛哥（Morocco）相同。西班牙所在的伊比利半島，曾受到由北非入侵的穆斯林勢力長久統治。古代羅馬人曾稱從北非入侵的茅利塔尼亞人為摩洛，但在西班牙語中，摩洛一般即指穆斯林。

十六世紀時，西班牙遠征隊占領現在的菲律賓，以當時的皇太子菲利普二世（Felipe II, 1527-1598）之名將這地區命名為「伊斯拉斯菲利普納斯」（Islas Filipinas，意指「菲利普的島嶼」），而當時伊斯蘭教也流傳到馬來西亞附近的蘇祿（Sulu）群島及民答那峨島（Mindanao）。西班牙的侵略者稱當地的穆斯林為摩洛，為了讓他們改信天主教、從而接受西班牙的統治，後來斷斷續續發生幾次「摩洛戰爭」（Moro War）。十九世紀末，美國於從西班牙手中取得菲律賓的統治權，對穆斯林的壓迫更為嚴重。

被概括為摩洛的穆斯林各民族，先後和西班牙人（正確來說應指改信天主教並且受西班牙統治的菲律賓群島住民）、美國、日軍，以及現在的菲律賓共和國軍敵對，持續抗戰。「摩洛」這

個稱謂，長久以來被視為蔑稱而避之不用，但一九七○年以後，卻時常用來指稱以穆斯林為主的南部居民，以跟信仰基督宗教的北部民眾區分。二○○六年，摩洛伊斯蘭解放戰線（MILF）和菲律賓政府進行和平談判，在主要議題上都達成協議。

前南斯拉夫的穆斯林和回族、摩洛人一樣，也是以穆斯林身份跟其他民族區隔，而被視為一個民族團體。這是為了維持過去鄂圖曼帝國統治時改信伊斯蘭教的塞爾維亞人、克羅埃西亞人與信仰塞爾維亞正教的塞爾維亞人、信仰天主教的克羅埃西亞人之間的平衡而實施的政策。然而在南斯拉夫解體的過程中，三種宗教團體間反覆發生慘烈的浴血之戰（參見第一百八十五頁）。

不論是基督宗教、伊斯蘭教或佛教，都倡導不可殺生、不可竊盜、不可姦淫，維持社會和平的基本教義是不變的。然而不光是民族宗教，只要是宗教、宗派，都蘊含著偏狹我族中心主義的危險，許多與外人對立的宗教，被民族主義者利用來將殺人、掠奪、強姦合法化。

有國教和沒有國教的國家

全世界最小的獨立國梵諦岡，是天主教的大本營。梵諦岡由教皇掌權，是人口不滿千人、且絕大多數為神職者的宗教國家。想當然爾，它是以天主教為「國教」。不過，這種國家是極端的特例。

現今世界各國，有兩成以上制定國教。而即使信仰的自由受

到保障，但有不少例子顯示，作為一國主要民族的精神文化支柱的國教，卻成為壓迫不同信仰的少數民族的工具。此外，雖然有些國家沒有制定國教，事實上各項政策傾向優惠主要民族信仰的宗教。

西方自從十六世紀喀爾文（Jean Calvin, 1509-1564。譯註：法國宗教改革者，著有《基督教要義》〔*Institutes of the Christian Religion*〕）進行宗教改革以來，政教分離就成了民主政治的要件。人民受保障的所有自由當中，最早為人意識到的，就是「信仰自由」。近代國家在憲法中強調「信仰自由」，頂多是不准制定國教。

不過，在信仰基督宗教的社會中所謂的信仰自由，本來是指「自由」選擇基督宗教的派別。一七九一年，美國首先將政教分離與信仰自由編寫於憲法中。但在美國總統的就職典禮上，總統會手按著《聖經》進行宣誓。在美國，雖然政治並沒有與特定的教派聯結，但在政治場合中提及信仰並不奇怪。也難怪歐美社會就算沒有制定國教，基本上仍是宗派繁多的基督宗教社會。阿拉伯各國與伊斯蘭教的關係，也是如此。

中東和北非阿拉伯各國，有不少是伊斯蘭教國家，但底下列舉的幾個國家，即使主要民族和特定宗教習習相關，卻沒有制定國教。

例如土耳其，其國民九十九％是穆斯林，卻標榜是俗世國家（secular state，係指對宗教事務持中立態度的國家）。以色列的鄰國敘利亞是阿拉伯國家中有名的強硬派，還因而受到國際社會譴

責，但它並沒有將伊斯蘭教定為國教。而敘利亞的鄰國黎巴嫩雖是什葉派（Shiite，伊斯蘭教分成什葉派和遜尼派〔Sunni〕，前者為人口較少的一支）激進組織真主黨（Hezbollah，一九八二年以色列入侵黎巴嫩後，黎國所出現的第一個派系的民兵集團和政黨）的據點，伊斯蘭教國家的形象很鮮明，但事實上它是伊斯蘭教和基督宗教各宗派混雜的「宗教馬賽克國家」。在黎巴嫩，別說制定國教，光是為了維持國家運作，都常得考慮到宗教、宗派的平衡（參考本書第六章）。穆斯林占多數卻不將之定為國教、或是不能定為國教，各有不同的理由，其差異相當微妙。此外，猶太人為主要民族的以色列，也並沒有制定猶太教為國教。

在亞洲，印尼人民約有九成、也就是一億八千萬人為穆斯林，但它並未將伊斯蘭教定為國教。印尼雖然不是伊斯蘭教國家，但伊斯蘭教勢力掌握著統括所有宗教活動的宗教部。印尼人民都必須在伊斯蘭教、天主教、新教、印度教、佛教，以及近年受到認可的儒教之中，擇一信仰，沒有宗教信仰會讓人聯想到共產主義者，因此印尼憲法雖承認信仰自由，但卻不認可「什麼都不信」的自由。其鄰國馬來西亞，穆斯林則多達五成。自從擁有世界少數貿易港之一的麻六甲（Malacca）王朝於十五世紀初改變宗教信仰、成為伊斯蘭教國家以來，國王就由馬來西亞各省的蘇丹相互推選。

其他伊斯蘭國家是否制定伊斯蘭教為國教，請參考下一頁附表。以下討論的，是信仰其他宗教的國家。

制定國教的國家

【基督教：天主教】梵諦岡、阿根廷、哥斯大黎加、巴拉圭、玻利維亞、馬爾他

【基督教：新教福音路德教派】冰島、瑞典、丹麥、挪威

【基督教：英國國教會】英國

【基督教：希臘正教】希臘

【基督教】賴索托

【伊斯蘭教】阿富汗、阿拉伯聯合大公國、葉門、安曼、科威特、沙烏地阿拉伯、巴基斯坦、巴林、蘇丹、孟加拉、汶萊、馬來西亞

【伊斯蘭教：遜尼派】阿爾及利亞、埃及、卡達、科摩羅、索馬利亞、突尼西亞、茅利塔尼亞、摩洛哥、利比亞、馬爾地夫

【伊斯蘭教：什葉派】伊朗

【佛教】柬埔寨

【藏傳佛教】不丹

　　不丹直到最近仍採行鎖國政策，是極端保守的國家，以藏傳佛教為國教。自一九八九年起，不丹規定民眾外出必須穿著民族服飾，以維護傳統，立意雖好，卻對占人口二至三成、人數持續增加的尼泊爾裔居民（多為印度教徒）造成了限制。

　　不丹保留前近代的風物和傳統習慣，頗獲好評，但是西藏裔的不丹人不及總人口的六成，不丹政府在推動民主化的同時，卻以國教、官方語言、民族服飾來確立不丹人民統合的方向，因而與尼泊爾裔民眾發生磨擦，更導致聯合國人權委員會於一九九六年時討論不丹的民族歧視問題。以佛教為國教的國家，還有柬埔寨。

　　至於天主教，在歐洲除了梵諦岡，只有地中海上的小國馬爾他以天主教為國教。西班牙有九十％的人民是天主教徒，但佛朗哥死後制定的新憲法（一九七八年）中，明訂政教分離。中南美

洲以天主教爲國教的，則有哥斯大黎加、玻利維亞、巴拉圭、阿根廷。

東正教方面，雖然有許多與民族名稱結合的教派名稱，例如阿爾巴尼亞正教、愛沙尼亞正教、塞爾維亞正教、保加利亞正教、馬其頓正教、羅馬尼亞正教等，但只有希臘以希臘正教爲國教。

新教方面，瑞典、丹麥、挪威及冰島制定福音路德教派爲國教。儘管制定國教與北歐各國民主、先進的形象不符，但自古以來這些國家的國教會和行政上的國王、國會即有深厚的關係。

所謂國教會，是承認特定宗教、宗派作爲國家公器之世俗權力組織。宗教改革後，因企圖擺脫羅馬教皇的統治，國教會因而成立。英國國教會由英格蘭國王擔任其唯一首長，是國教會的典型。然而眾所周知，英國國教會成立的契機與亨利八世（在位期間一五〇九年至一五四七年）的離婚問題有關。

亨利八世請求跟無法生育的王妃離婚，當時的教皇不願首肯，激怒了亨利八世。當時民眾對天主教神職人員非常反感，亨利八世遂藉口「爲民行道」，正式與教皇反目，以國族主義爲基礎的英國國教會於焉誕生。國教會的大主教由國王任命，從此王權凌駕於宗教之上。

那麼，現在有多少英國人隸屬國教會呢？根據英國大使館的網頁記載，在二〇〇六年，國教會系教會的成員有一百七十萬人，天主教教會成員同樣有一百七十萬人。此外，蘇格蘭的長老派教會（蘇格蘭的國教會）成員約有百萬人。威爾斯雖於一九二〇年廢除國教會制度，沒有公認的教會，但主要是由衛理公會

（Methodist Church）及浸信會（Baptist Church）兩大宗派組成。
英國雖以國教會為國教，信徒卻這麼少，是全球僅見的一例。

　　英國人民除了信仰基督宗教，估計有一百五十萬至兩百萬人
為穆斯林、四十萬至五十萬人為錫克教徒，印度教徒與錫克教徒
人數相當，此外還有三十萬名猶太教徒。對於非基督宗教教徒這
類「外人」的增加，身為基督宗教成員的天主教信徒和新教信徒，
同樣非常緊張。

宗教融合

　　宗教融合（syncretism）雖是宗教用語，但廣義而言，與多
種不同的文化接觸所引發的現象，也可稱為「融合」。這個詞彙
源自地中海克里特島（Crete，希臘最大島），指稱島民停止內部
抗爭、團結一致抵抗外敵，原本的詞義或許較接近「妥協」。

　　由西方人所記述的文明遺產來看，古代羅馬人或希臘人的眾
神的誕生，即源自宗教融合的概念。羅馬人除了把希臘、伊特魯
里亞（Etruria，地處現今義大利中部的古代城邦國家，羅馬文化
的源頭有二，一為希臘文化，另一個就是伊特魯里亞文化）的眾
神易名（例如將宙斯改稱為邱比特），大體上照單全收。羅馬人
不過是將眾神改名換姓，但仍視之為同樣的神來崇拜，這種想法
也是從希臘學來的，例如希臘人把酒神戴奧尼索斯（Dionysos）
視同埃及的歐西里斯（Osiris。譯註：古埃及之神，天神與地神
之子）。若溯及希臘眾神的起源，則是吸收了希臘原住民或周邊

民族的神話而來的。

日本人的宗教融合，並沒有類似希臘神話的例子。表面看來日本人以神道儀式舉行婚禮，殯葬儀式則在寺廟舉行；新年到神社參拜、中元節誦經，可以看出很多生活儀式是神道、佛教分家的。然而，日本自平安時代起就有「神佛習合」思想，即「神和佛在本質上是合一的」。這和希臘人所想的宗教融合有些相近。

此外，日本江戶時代與基督宗教對抗而制定的「寺請制度」（譯註：即後來的「檀家制度」，指江戶幕府採「寺」制，使所有人從屬於佛教寺院，稱為「檀徒」），是借用佛教的形式，而把崇拜祖先這一自然宗教傳給平民。另外，佛教式喪禮也是宗教融合的一例。

日本的神道本來沒有神學的理論，一來是因為很難把外來宗教移接進來，再者是因為老百姓根本不在乎。不論是神、佛或菅原道真的天神、印度教的女神弁財天等，不管是山是海、是蛇還是狐狸、值得感激的或令人害怕的……，日本人都崇拜。日本人自古以來的這種單純信仰之心，在西方人看來是種不可思議的宗教融合（譯註：菅原道真，日本平安時代的學者、漢詩人，被日本人尊為學問之神。弁財天，現為日本七福神之一，主掌智慧、音樂、辯才之女神）。

然而，這樣的例子不是日本才有。宗教融合這種「妥協」的產物非常多，它以祖先、先靈崇拜或薩滿教的民族固有文化為基礎，接受了外來組織的宗教。例如以人口而言，印尼是全世界穆斯林最多的國家，但印尼爪哇人信仰的宗教，仍然保有伊斯蘭教

傳入前的印度文化或在此之前的萬物有靈論的影響。同樣地，峇里人信仰印度教，卻使用理應是「神聖」的牛隻耕田，在印度教的發源地印度看來，這是個巨大的改變。

一般來說，雖然多神教比較容易和其他宗教、信仰融合，但宗教融合現象很普遍，在任何民族、任何宗教中都可發現。不論是基督教、伊斯蘭教、佛教，以及接下來要談的印度教，都是經過不斷地融合和妥協，而成為包羅萬象的宗教，也因此才會分裂成各派別，造成許多矛盾現象。

基督宗教中使用聖像、崇拜聖者的天主教，在非洲及拉丁美洲等地，特別能和原住民的精神文化緊密結合。在聖者之中，聖母瑪莉亞特別容易與土著的地母神信仰結合，墨西哥的「褐色」（指膚色）瑪莉亞就是很好的例子。一五三一年，在阿茲特克王國（Azteca。譯註：一三二四年於墨西哥市附近建立的王國）被西班牙滅亡不久後，阿茲特克大地女神所在的聖地就出現奇蹟，這可以說是墨西哥宗教融合的象徵。同樣的，部分的安第斯原住民克佳人（Quechua）或阿伊馬拉人（Aymara）把聖母瑪莉亞和他們的大地女神等同視之。

拉丁美洲的復活節及聖人祭等，就是宗教融合的表現。在這些天主教祭典中，可從裝飾、舞蹈或音樂隱約看出基層文化的傳統，也有明顯是異教技藝表演的產物，很多祭典內容都看得出天主教的影響。例如在秘魯舉行的聖十字架祭或聖人祭等，跳的舞蹈是印加帝國時代為皇帝祝賀的舞蹈，另外還演出西班牙人處決印加末代皇帝阿達華巴（Atahualpa）的戶外劇，是融合聖境與

俗世的表演活動。

難以定義的印度教

印度總人口超過十億，其中印度教徒占了八成以上，穆斯林約占十三％，其他二％左右爲基督宗教教徒與錫克教徒。獨立以來，印度雖然標榜爲世俗國家，但毫無疑問的，印度教是構成印度國族意識的要素。

印度教，意思就是「印度人的宗教」，與日本人的神道、猶太人的猶太教一樣是「民族宗教」。然而組成印度的民族很複雜，幾乎每走一、兩里路就得換種語言，可以說並沒有「印度人」這個民族。矛盾的是，印度教擔起了統合多元民族、多樣性印度文化的重任。

印度教並沒有類似釋迦牟尼、耶穌基督、穆罕默德這樣的開山祖師，就這層意義而言，印度教是「民俗宗教」。眾所周知，印度教確實有輪迴思想及宇宙論等深奧哲學，但並沒有統一的教義。絕大多數的印度教徒只是信守著祈禱、供養或祭祀等儀式。

而這些儀式，自然因地方不同而全然相異。印度教有無數的神祇，信徒崇拜什麼都無所謂。但印度教不算是「典型的多神教」，它包含了一神教乃至萬物有靈論的思想。印度獨立後首任總統尼赫魯（Jawaharlal Nehru, 1889-1964）曾明言：「印度教是無法定義的。」印度教並沒有特定的信仰對象、教義與儀式，作爲宗教而言相當模稜兩可。

　　那麼，身為印度教徒的共識是什麼？在這裡不得不提惡名昭彰的「階級制度」（caste system）。根據《世界宗教總覽》（奈良康明著）的解說，「印度教徒出生時是哪個階級，就必須遵守該階級的法則；但擁有思想上的自由。」

　　印度的階級制並非分成「僧侶、王族、庶民、奴隸」四個層級，上述四種層級叫作「種姓制」（varna，梵文，意為「顏色」）。即使是僧侶，也有人務農維生，所謂層級是理念的產物。印度社會還有另一種身份概念，就是以民族集團或世襲職業區分身份的「階級」（jati），階級制度（caste）一般就是指這個。印度社會的階級多達三千種，最下層的是種姓制範圍外的「賤民」（untouchable）等「特定階級」、「特定部族」。

印度教的濕婆神
濕婆神腳踏小妖魔，同時跳著破壞與創造之舞。（斯里蘭卡，可倫坡國立博物館）

印度憲法禁止因階級而歧視他人。對於「特定階級」、「特定部族」，政府制定優惠政策，提供國公立大學入學、公務人員、議會議員之保障名額。雖然這類政策達到一定的效果，但「特定」的基準很籠統，而且招致上層階級強烈反彈，認為這是「反向歧視」。這政策最大的問題在於：光實施優惠、保護政策，並無法解除一般社會上的歧視、壓迫。在印度，受歧視的人占了全國人口的四分之一，這些人本來在就業或結婚等事就備受歧視，有些地方的人還在日常生活中遭受殘暴的待遇。儘管如此，以達利特（Dalits，被貶為「賤民」的人們的總稱）為首的受歧視者，逐漸意識到自己的權利，也有機會對抗歧視、壓迫。

「奴隸的世代子孫都是奴隸」，這樣的教條為何三千年來能深植此地？這必須追溯到印度教成立之前。

有的說法指出，印度教的前身是婆羅門教，是由高加索附近地區侵入印度的亞利安人為了壓制主導印度文明的達羅毗荼人（Dravidian）及原住民，而創造出來的統治系統。重視祭典的亞利安人以婆羅門（祭司）為最高層級，讓白膚色的自己人擔任上位，將膚色深濃的原住民安排於下位，四種層級的種姓制度便是源自於此。不過正如第一章所述，西方把印歐語系和達羅毗荼語系這語言學上的概念，偷天換日為「人種」的概念，其罪大矣。亞利安人等於白人、等於婆羅門階級，這樣的想法也遭到了批判。

亞利安人提倡的婆羅門教，逐漸侵蝕原住民的信仰。印度教三大神梵天（Brahma）、濕婆神（Siva）、毗濕奴（Visnu，又譯

威濕努、毘紐天）以及印度諸神，都是源自多種神話，具有多樣的性格。為了對數不清的民族、不同的信仰對象推行印度教，地方的地母神可以成為印度教濕婆神的妃子。這也可以說是融通無礙吧！印度教是經過數千年宗教融合產生的，這種寬容性可以說是印度文化的特徵。

乍看之下，「寬容」一詞和印度社會的階級制似乎格格不入。然而，這種不准不同層級之人通婚的制度，卻使民族集團、職業集團不至於產生混亂；這和印度文化中「讓地方習俗融入信仰」的寬容性並無矛盾。從現今人權的角度而言，階級制度雖然使得特定階級遭受嚴重的歧視或壓迫，卻也多少發揮維持近代印度社會秩序的作用。

印度這個國家，並不能簡單地區分為多數民族、少數民族。雖然印度教徒占了人口八成，在宗教上算是多數民族，但印度人是以不同「語言」與「階級」進行區分的。在印度，民族乃至於語言集團，都是因為階級的存在而無法產生統整的認同感。若從民族組成的複雜度來看，儘管民族問題屢見不鮮，卻都不至於擴大，這終歸是階級制度發揮的效用。然而，一旦對立的對象換成穆斯林，就是另一回事了。接著就來談談印度教與以伊斯蘭教為首的宗教之間的對立。

印度教民族主義與民族紛爭

最嚴重的「印度教徒對穆斯林」問題，無疑是喀什米爾的紛

爭。爲了爭奪喀什米爾，印度和巴基斯坦兩國關係相當緊張，緊張之勢在兩國獨立時攀升至最高點。

十一世紀時，穆斯林正式入侵印度次大陸北部。後來穆斯林創立了好幾個王朝，一五二六年時成立了蒙兀兒王朝（Mughal Empire, 1526-1858，印度最後的伊斯蘭教帝國）。由於長期受伊斯蘭統治，印度北部的旁遮普地方和巴基斯坦南部的信德省（Sind）等地，以農村爲中心，許多下層階級人民就改信伊斯蘭教。不過伊斯蘭政權並沒有破壞印度社會的結構或文化，而是在其固有結構或文化之上進行統治，因此大部分印度教徒仍遵守以階級制度爲基礎的傳統生活。蒙兀兒王朝的歷代皇帝中，第三任皇帝阿克巴（Akbar, 1542-1605）對印度教徒採寬容政策，因而享有盛名。但十七世紀末起，蒙兀兒王朝改採高壓政策，阿克巴大帝廢止的「對異教徒徵收人頭稅」等政策死灰復燃，造成國內各地動亂頻起。

蒙兀兒王朝衰敗後，取而代之的英國在當地的殖民統治勢力愈來愈強。到了十九世紀中期，英國的版圖擴及現今的巴基斯坦、孟加拉，幾乎涵蓋整個印度次大陸。英國的基本方針是兩手策略，這是它統治殖民地的慣用手段。即使在印度，英國人雖然設立了印度國民會議（一八八五年）以安撫對英國統治心生不滿的印度人，其實目的是爲了阻斷民族運動的發展、或因宗教對立而引發的獨立運動等事。相對於以印度教徒爲主的印度國民會議，英國統治者也讓全印穆斯林聯盟（All India Mislim League）開始運作（一九○六年）。時至今日，印度教與伊斯蘭教會對立

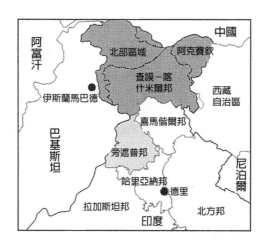

得如此嚴重，可以追溯至大英帝國的挑撥離間。

　　就「反英」這一點而言，印度國民會議和全印穆斯林聯盟的立場很接近。但自第二次世界大戰爆發後，國民會議主張先統一印度再獨立，穆斯林則主張分裂之後才獨立。一九四七年，脫離英國獨立的印度分裂爲印度與巴基斯坦（包括現在的孟加拉。一九七一年，巴基斯坦再度分裂爲二，東巴基斯坦獨立爲現今的孟加拉）。此時，在人爲界定的國境線兩側，移居相關問題引發了嚴重動亂。尤其是橫跨巴基斯坦與印度國境的旁遮普地方，有來自巴基斯坦的印度教徒和錫克教徒移入，也有穆斯林從印度遷入，在最爲混亂的時期，各教徒彼此集體屠殺，造成數十萬人喪生。

　　接著探討喀什米爾的問題。

　　喀什米爾的首長是印度教徒，但領土內的居民則是穆斯林占

了多數。因此在印、巴獨立後，喀什米爾首長決定加入印度，但巴基斯坦方面並不認同。於是在獨立不久後以及一九六五年，分別發生第一次、第二次印巴戰爭，後來兩國甚至進行核武測試，情勢非常緊張。此外，在一九七一年的第三次印巴戰爭中，印度協助東巴基斯坦（今孟加拉）獨立，並擊敗了西巴基斯坦（今巴基斯坦）。

整體而言，印度民族主義是從對抗英國殖民統治的運動萌芽的，打從一開始就不是和穆斯林針鋒相對。不過因為分裂、獨立之爭及其後兩國的情勢演變，印度教徒和穆斯林間的鴻溝日益加深。一九八〇年代以後，印度民族主義運動愈演愈烈。一九九二年，印度東北部阿約提亞（Ayodhya）的清真寺遭到印度教徒破壞，這起事件在首都新德里、孟買等地發端，戰火延燒各地，印度全國陷入大混亂，造成數千人犧牲。

一九九八年，提倡印度教至上主義的印度人民黨（Bharatiya Janata Party），破除了獨立以來印度國民會議一黨獨大的現象，設立聯合政府。同年，印度和巴基斯坦接連試射可搭載核子彈頭的中程飛彈，遭到國際社會譴責。大約自一九九五年起，孟買由 Bombay 改為 Mumbai，馬德拉斯（Madras）改為金奈（Chennai），加爾各達（Calcutta）改名為可魯卡達（Kolkata），將受到英語或葡萄牙語影響的地名改回當地語言的拼音。這一連串行動，多少跟印度教民族主義有關。

印度總理、人民黨的瓦杰帕依（Vajpayee），針對核子武器問題，以及二〇〇一年十二月發生的印度國會大樓恐怖攻擊事

件，嚴厲譴責巴基斯坦，造成兩國情勢緊繃。但二〇〇三年時他則呼籲雙方進行對談，後來會談也確實舉行。隔年，出乎大多數人民的意料，印度國大黨（Indian National Congress）在總統大選中奪回政權，新任總理辛格（Manmohan Singh）繼續維持和平路線。不過，二〇〇五年十月，新德里發生連續爆炸事件，二〇〇六年七月，孟買也發生火車爆炸事件、有兩百人喪生；一般認為，這些事件都是伊斯蘭激進組織所主導。

以下來談談其他宗教的少數信徒問題。

前述在阿約提亞發生的清真寺破壞事件，死傷慘重，它的起因是獨立運動——信仰錫克教的旁遮普人要求獨立。錫克教是在十六世紀受到伊斯蘭教的影響，而從印度教分裂出來的。

印度現任總理辛格蓄著大鬍子、總是包著頭巾，這種裝扮就是男性錫克教徒的註冊商標。在個人名字後面加上 Singh，也是為了標明自己是錫克教徒，嚴格說來 Singh 並非姓氏。順帶一提，辛格是印度歷任總理中第一位宗教上的少數民族。

錫克教徒否定階級制度、反對歧視女性、主張消滅威權主義或形式主義，這些思想在印度社會都極具特色。一般的錫克教徒沒什麼攻擊性，但一九八四年，總理甘地夫人（Indira Gandhi, 1917-1984。印度民族主義領袖，一九六六至一九八〇年間，連續四屆當選印度總理，於第四任期間遇刺）下令打擊以建立「純血之地」獨立國家為目標的部分錫克教激進組織，使得事態惡化。後來甘地夫人遭錫克教徒暗殺；之後，印度教徒屠殺了約三千名錫克教徒以示報復，雙方對峙更為尖銳。最後是一般錫克教

徒不再支持錫克教的恐怖份子，紛爭才得以平息。

然而從教派成立的過程而言，印度社會仍將錫克教視為印度教的一派。在包羅萬象的印度社會，即使否定階級制，但只要不是伊斯蘭教或基督宗教等外來宗教，都還是被視為印度的一部分。同樣的，印度教成立之前，這地方有耆那教（Jainism。譯註：梵語 Jina 為聖者之意。耆那教與佛教約同時創立）以及因反對婆羅門教而發展出來的佛教。

目前耆那教徒僅占印度人口〇‧四％，但仍舊延續不絕。而否定階級制的佛教，因各種理由而在印度幾無立錐之地。印度的佛教被印度化浪潮吞沒，佛陀成了毗濕奴神的化身之一。

不過現在印度的佛教徒愈來愈多，人數已凌駕耆那教徒。這是安貝卡（Bhimrao Ramji Ambedkar, 1891-1956）提倡「新佛教運動」的結果，他曾和印度獨立後首任法務大臣聯手起草印度憲法。安貝卡本身是受歧視階級，為了在憲法上明訂消除階級歧視而竭盡心力。相對於「獨立之父」甘地反對歧視、稱「賤民」為「神之子」卻認可階級制度，安貝卡選擇了背棄支持階級制度的印度教，在他去世前兩個月，和數十萬受歧視者一起改信佛教。安貝卡的遺志是不稱呼「賤民」為「神之子」，而稱之為「達利特」（Dalit），意指「受壓迫的人們」、「遭破壞的人們」。安貝卡的這個遺願，之後由日本人僧侶佐佐井秀嶺繼承。

東南亞的上座部佛教

眾所周知，佛教分為大乘佛教與小乘佛教。小乘的意思是「小型交通工具」（比喻救濟的方式），是帶有蔑視意味的說法。根據佛教史的說法，大乘佛教是在小乘佛教之後創立的。釋迦牟尼圓寂約百年後，佛教僧團因戒律之爭而分裂為傳統派及非傳統派。傳統派稱為「上座部」，主張出家修行、尋求個人解脫。新興的「大眾部」指導者們批評「不修行不能得救」這樣的教義是偏狹、利己的，於是蔑視他們而稱之為小乘佛教，並自稱「大乘」。

大乘佛教的教義包含在家修行、普渡眾人、尋求終極的解脫。簡單地說，即使不出家、沒有經過嚴格的修行，只要在人世潛心行善，就能在另一個世界成佛。經過中國、朝鮮傳至日本的佛教，即為大乘佛教。在歷史源流中，日本人幾乎沒有機會接觸上座部（即小乘佛教）教義。

日本兒童文學作品《緬甸的豎琴》裡，有一位一等兵水島在緬甸出家。作者竹山道雄在書中寫道：

> 大體上，緬甸的佛教是很奇怪的。要捨棄人世囉。看破紅塵囉。好或不好，一切了無掛礙，只求拯救心靈。人當了和尚，離開人世，進入另一個世界，就開始得到救贖。——若是根據釋迦牟尼佛的話來解釋，就是這麼一回事。這應該就是緬甸的小乘佛教。

《緬甸的豎琴》發表於一九四七、四八年。而一九五○年在斯里蘭卡可倫坡（Colombo）召開的世界佛教會議第一次世界大會中，並沒有決議不再使用「小乘佛教」這個稱謂。雖然此後日本方面因未深入思考這一詞的含義而延用之，但本書之後均稱之爲「上座部佛教」。

上座部佛教是從印度傳經斯里蘭卡後，再傳向南印度及東南亞，因此又稱爲南傳佛教。現在在斯里蘭卡，信仰佛教的主要民族和信仰印度教的少數民族之間衝突嚴重，關於這一點容後說明，首先談談東南亞的上座部。

在東南亞，除了制定佛教爲國教的柬埔寨外，泰國、緬甸和寮國的上座部信徒占了壓倒性的多數。泰國國旗有紅、白、藍三色，其中的白色即代表佛教。柬埔寨的國旗正中央繪有白色的吳哥窟，據說即是佛教的象徵；然而吳哥窟原本是供奉印度教毗濕奴神的寺院。

寮國於一九七五年廢除持續六百多年的君王制，過去寮國憲法制定佛教爲國教，王政時代的國旗上有三頭白象，背景有五段階梯，代表佛教的五項戒律（不殺生、不竊盜、不淫亂、不說謊、不飲酒）。即便現在寮國採行社會主義體制，佛教對國家與國民仍起了相當重要的功能，不僅主要民族寮人信仰佛教，少數民族也有不少人信仰。

根據上座部佛教的戒律，一般而言，成年男子一生中必須「得度」（即出家）一次。當然，民眾可以自由還俗，因此只出家一、兩個星期的男性也很多。相對於眞正持續修行以求得成佛道、亦

即臻至涅槃境地的出家僧，這種短期出家制度可以說是充分理解百姓願望的產物：短期出家就算無法獲得解脫，來世轉生仍可能變得更好。

在某些地方，出家成為一種「成人禮」；還有些地方規定罪犯在接受法律制裁後，還得出家累積修行。此外，上座部佛教的女性即使修行也不能得度，但近年來斯里蘭卡已承認女性出家。

在街道上常見的托鉢僧都是穿著黃色的木綿袈裟，而不論是未滿二十歲的修行僧或是高僧，穿著都沒什麼兩樣。在家的民眾，則是藉著布施給托鉢僧來累積功德。此外他們也相信藉著到寺院掛單（暫住）、遵守五戒、累積善行（比如放生鳥魚等），可以讓來世更加幸福。由於孩子出家是為雙親積德，因此出家也被視為孝行。

泰國憲法規定國王應為佛教徒，就連現任國王普美蓬·阿杜德（Bhumibol Adulyadej），都曾在就任約十年時一度出家。另一方面，古印度的敘事詩《羅摩衍那》（Ramayana）中傳說中的王子拉瑪（Rama）的名字後來成為國王的稱號（例如現任國王稱為拉瑪九世），從這件事可以看出泰國王室傳統與印度教或婆羅門教同樣習習相關。拉馬是毗濕奴神的化身之一，而毗濕奴神的坐騎金翅鳥「迦盧荼」（Garuda），則是泰國的國徽。現在泰國人雖然不直接信仰毗濕奴神，但泰國文化中仍保有不少上座部佛教傳來前的印度教文化。

自古以來，精靈（靈魂）信仰便深植於民間，而由此衍生的各種習慣也在現今的佛教徒之間流傳。印度教文化的影響，或是

佛教和精靈信仰融合、共存的現象，不是泰國才有，在東南亞地區很常見。另一方面，在東南亞歷史不長的基督宗教及伊斯蘭教，則並未和傳統宗教融合，此就成了涉及少數民族問題時抗爭的導火線。

在東南亞，與宗教有關的最嚴重民族問題，應該是緬甸的甲良人（Karen，緬甸東南部、泰西山地的少數民族）爭取獨立而引發的難民問題。總稱爲甲良人的民族集團包含語言不同的許多次級團體，在此就不一一列舉其問題，以下僅概述跟基督宗教有關的問題。

十九世紀以來，緬甸的主要民族緬甸族和部分甲良人就劍拔弩張。這是因爲當時的殖民宗主國英國爲了鎮壓緬甸人，重用甲良人傳布基督教，並且煽動民族意識，讓他們與緬甸人對抗。一九四八年，緬甸聯邦共和國（一九八九年更名爲緬甸聯邦）成立，他們不承認甲良民族同盟（Karen National Union，簡稱 KNU）所要求的甲良省獨立及民族自治，因此似乎永無止盡的武力抗爭就在此後半世紀不斷上演。

緬甸政府以佛教遂行其統治，並且祭出佛教徒優惠政策，結果招致與獨立鬥爭無直接關聯的少數民族基督教徒的反彈。一九六二年的軍事政變後，政府由軍人主導，尤其是一九八○年代起，對少數民族的鎮壓如火如荼地展開，鎮壓對象不限於甲良人。其中，緬甸軍藉口「掃蕩游擊隊」，而對多數居住於泰國邊境山區的基督教徒甲良人持續進行大規模屠殺、強姦、強制勞動、破壞村落等暴行。爲了躲避軍方迫害而流離失所的甲良人超

過一百萬人，其中逃往泰國境內的難民，據二○○六年的統計已攀升至十五萬人。

在泰國難民營，雖然有最低限度的食、衣、住的保障，但由於信仰不同，引發了差別待遇的問題。難民營中信仰佛教的甲良人很少，但援助難民的國外非政府組織許多都是基督宗教團體，因此他們提供佛教徒甲良人與基督教徒甲良人的援助就不一樣，尤以教育環境更為明顯。教會或基督宗教團體援助的學校，實施英語教育、電腦教育等，而佛教徒的孩子聚集的學校，環境則非常惡劣。因此，許多佛教徒的孩子便改信基督教。

最後再舉一個在佛教國家發生的宗教對立案例。

在泰國南部、馬來西亞國境附近，有很多馬來西亞裔的穆斯林。雖然他們的信仰自由受到保障，但因經濟落後、容易遭受歧視，因此自一九七○年代以來，就開始尋求獨立。雖然八○年代後暫時沉寂，但二○○四年又發生軍事攻擊事件，此後恐怖炸彈攻擊及槍擊事件更成了家常便飯。有人批評政府的鎮壓讓情勢更為惡化，另外也有人認為這確實和伊斯蘭祈禱團（Jemaah Islamiyah。譯註：簡稱 JI，為東南亞的伊斯蘭武裝組織）及基地組織等國際恐怖組織有關聯。

「獅」對「虎」，斯里蘭卡的宗教抗爭

斯里蘭卡是位於印度東南方的島國，國名意指「散發神聖光輝之島」，它因民族抗爭而引發的內戰，已經持續二十年以上。

而其民族抗爭的主因，是嚴重的宗教對立。

　　一般咸信斯里蘭卡的主要民族，是西元前六世紀由印度北部侵入的亞利安系辛哈拉人（Sinhalese），他們占目前斯里蘭卡總人口的七、八成。斯里蘭卡狩獵的原住民，幾乎全部與辛哈拉人混血。辛哈拉人大多是上座部佛教信徒，雖然佛教在殖民時代一度沒落，但十九世紀後半葉打著「反英國」的旗幟而復興以來，斯里蘭卡的佛教甚至被稱爲辛哈拉佛教，與辛哈拉的民族主義結合。

　　一九四八年，原屬英國自治領地的錫蘭（一九七二年更名爲斯里蘭卡）獨立後，佛教的祭典變成國定節日，上座部佛教則被視爲國教般對待。一九五六年，辛哈拉語被定爲該國唯一官方語言。諸如此類對佛教徒辛哈拉人的優惠政策，讓大約兩成信仰印度教徒的泰米爾人（Tamil）生活於危機感之中。

　　泰米爾人是達羅毗荼人後裔，一般認爲其統治印度北部的時間比亞利安人還早。西元前兩千五百年左右，達羅毗荼人經由美索不達米亞入侵印度北部，並建立印度河文明。印度河文明沒落後，他們在西元前一千五百年左右被入侵的亞利安人逼迫到南印度，但仍從屬於亞利安人。如前所述，亞利安人藉著婆羅門教這個統治系統，把原住民達羅毗荼人劃分爲種姓制度四個層級中的最低等：奴隸（Sudra）。

　　泰米爾人被視爲達羅毗荼系各民族中的代表，使用泰米爾語的人主要分布在南印度的泰米爾納德邦（Tamil Nadu），還有些分布於斯里蘭卡、新加坡、馬來西亞等地，全世界共有七千四百

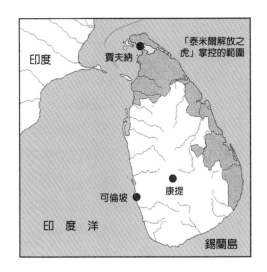

萬人。在南印度的泰米爾人有許多屬於低層階級，他們對北印度具有根深柢固的反感，於是形成達羅毗荼民族主義。順帶一提，日本語言學家大野晉認為，泰米爾語是日本語的源頭。

　　南印度的泰米爾人入侵斯里蘭卡是在辛哈拉人之後，大約在西元二世紀左右。來自印度的侵略者數度征服辛哈拉王朝的首都，尤其是在南印度建立屈指可數的王朝的泰米爾系哲羅人（Chera。譯註：南印度古代王朝曾有兩期，分別是西元前三世紀至西元三世紀、九世紀中至十三世紀中），曾於十一世紀時短暫佔領大半部的斯里蘭卡島，其後也在斯里蘭卡北端的賈夫納半島（Jaffna）建立泰米爾人的王國，鼓勵泰米爾人前往定居。雖然斯里蘭卡某些地區有一段時期一再抵抗泰米爾人入侵，但整體而言，斯里蘭卡人與泰米爾人尚能共存。

　　但十九世紀英國統治此地時，由於需要勞工種植咖啡等作物，而自南印度引進許多泰米爾人遷居於此，民族間的均衡於焉瓦解。英國的殖民政策原本就是以分化統治爲首，不斷以各種方式煽動各民族對立。在這樣的年代，辛哈拉人發起與認同感連結的佛教復興運動，提倡辛哈拉民族主義的聲浪也高漲。

　　佛教復興運動，原本是要對抗英國統治與基督宗教。而辛哈拉人認同感的確立，也利用了十九世紀歐洲提倡的亞利安人優越說。辛哈拉菁英份子中的民族主義者，主張在婆羅門教風土之下誕生的佛教是至高無上的教義，並誇耀自己系出亞利安人。斯里蘭卡獨立後，他們以「獨尊辛哈拉」（Singhalese Only）爲口號，煽動辛哈拉民族主義。這樣的舉動使島上的少數民族泰米爾印度教徒焦躁不安，終於與激進派的獨立運動掛鉤。

　　「辛哈拉」意爲獅子，辛哈拉人就是「獅子族」。在辛哈拉人的神話中，辛哈拉王國的建國者流有雄獅之血。而現在斯里蘭卡的國旗也描繪著辛哈拉王國的象徵：持有寶劍的獅子。至於曾數度征服這個獅子族的哲羅王朝，其徽紋則是老虎。

　　目前泰米爾人激進派的領導組織是「泰米爾解放之虎」（LTTE），在組成當時自稱爲「新泰米爾之虎」。不消說，這是爲了與辛哈拉人的獅子對抗，而讓同爲泰米爾系的哲羅王朝徽紋老虎復活。

　　「泰米爾解放之虎」在斯里蘭卡東北部發起獨立運動，一九七〇年代末期開始加強武力攻擊。一九八三年，泰米爾人在斯里蘭卡首都可倫坡經營的商店等，屢次遭到縱火或搶劫，而被押入

監獄的辛哈拉暴徒也發起屠殺泰米爾政治犯等暴動。幾天之內，斯里蘭卡各地發生屠殺泰米爾人的事件，終於引爆內戰，此後，戰爭死亡人數已超過七萬人。

印度有五千萬泰米爾人，他們也一度提供援助。但當時印度總理甘地（Rajiv Gandhi, 1944-1991）政策轉向，與斯里蘭卡政府協商、派遣軍隊維持和平，但這麼做卻斷送了他的性命。泰米爾人認為甘地是「叛徒」，激進組織（一般認為是泰米爾解放之虎）於一九九一年派一位女自殺炸彈客將甘地炸死──而七年之前，其母甘地夫人才遭錫克教徒激進組織暗殺。甘地總理遇刺身亡後，斯里蘭卡總統以外的政府要員也都接二連三遭到攻擊。

二○○二年，因為挪威介入調停，斯里蘭卡政府與激進派組織停戰，展開和平談判，但在二○○三年即中斷不前。二○○六年二月，雙方再次展開對談、確認停戰，但不久後也無限期延期。由於歐盟點名泰米爾解放之虎為恐怖組織，國際社會傾向支持斯里蘭卡政府，因此泰米爾解放之虎拒絕登上談判桌。時至二○○六年，泰米爾解放之虎的恐怖組織與政府軍的激烈報復仍頻頻發生，和平依舊無望，這個佛教國家持續荒廢。

隨處可見漢人的西藏

二○○六年七月一日，中國青藏鐵路全線開通，途經中國青海省的西寧到西藏自治區的拉薩，長達一九五六公里，在西藏地區的平均海拔高達四千五百公尺。這項「西部大開發」，是中國

國家建設的一環。這條陸地路線通往過去名爲大陸孤島的西藏，從北京直達拉薩需要四十八小時。青藏鐵路，無疑將會帶動西藏的經濟及觀光產業。

不過，這是中國中央政府的觀點。

一九八九年，達賴喇嘛十四世獲得諾貝爾和平獎，此後西藏就更受到國際矚目。一九九七年，美國電影《火線大逃亡》（*Seven Years in Tibet*）也讓全世界獲知西藏的悲劇。但中國政府對於國際社會的批判仍是反駁到底。中國正在享受經濟開放的果實，並持續創造令人驚奇的經濟發展，對其中央政府而言，西藏問題不過是表面的問題，也就是「經濟落後地區應該如何開發、援助」的問題罷了。隨著中國成爲巨大的市場，與中國西藏問題唱反調的國際輿論也急速消音。

那麼，西藏問題究竟是什麼？

第二次世界大戰結束時，世界各地的殖民地陸續獨立。然而一九四九年建國的中華人民共和國卻反其道而行，實行殖民地化政策，現代西藏的悲劇便從此開始。按照中國的說法，人民解放軍侵略西藏是要「解放世界最後一個政教合一的封建國家」。但對西藏人而言，這是一場宗教鎮壓行動，慘遭屠殺的西藏人達數十萬。西藏人目前住在西藏自治區及其他四個小自治州，然而不管是自治州或自治區，西藏人都受到許多限制，形同無法自治。

西藏問題是政治、民族與宗教的問題。七世紀至十一世紀時，佛教在西藏生根。此後，藏傳佛教與傳統民間信仰共存，將西藏人的精神社會統合爲一。十六世紀後期，西藏以清朝爲後

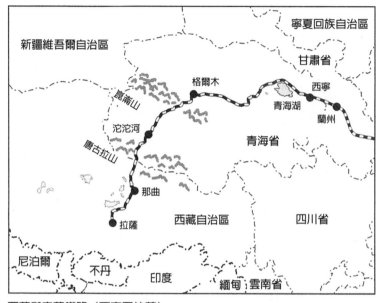

新疆維吾爾自治區

寧夏回族自治區

甘肅省

崑崙山

格爾木

西寧

青海湖

沱沱河

蘭州

唐古拉山

青海省

那曲

西藏自治區

四川省

拉薩

尼泊爾

不丹

印度

緬甸 雲南省

西藏與青藏鐵路（西寧至拉薩）

盾，將藏傳佛教傳入滿州、蒙古、西伯利亞等廣大地區。藏傳佛
教承繼自印度佛教而非中國佛教，但藏傳佛教圈擴大之際，佛教
在發源地印度已荒廢許久。就這樣，西藏以印度佛教的正統傳人
自居，以首都拉薩作為佛教中心而自豪。

藏傳佛教既是西藏人民族意識的基礎，不難想像他們對中國
共產黨的宗教鎮壓反抗有多麼強烈。達賴喇嘛於一九五九年起流
亡印度，以拉薩民眾為首的西藏人群起抵抗中國，數度挑起戰
爭，有不少人犧牲。達賴喇嘛在印度的流亡政府指出，戰爭的犧
牲者、死於獄中的人、被處決者及餓死民眾，大約占西藏總人口

的五分之一。中國方面，自然是提出了相距甚遠的統計數字。

中國政府把達賴喇嘛視爲「國家分裂主義者」，同時認爲西藏是中國「神聖不可分的領土」。這和中國對於台灣的說法很接近，然而相較於台灣，中國共產黨對西藏的政策更不留情。根據西藏方面的說法，尤其在文化大革命時代（一九六六年至一九七七年），中國全盤否定西藏的語言、宗教、傳統、習俗等，並且壓迫西藏人。據說西藏遭破壞的寺院達五、六千所，施加於西藏人的暴行也從未停止。

現在，青藏鐵路開通，以藏傳佛教爲主的傳統文化和風俗都成了重要的「觀光資源」，中國政府表面上也強調信仰自由，其實仍持續嚴重侵犯西藏人權。西藏人只要擁有達賴喇嘛的相片和西藏「國旗」，就會被判入獄。爲了消除達賴喇嘛對僧侶的影響力，中國政府對僧侶們進行再教育。達賴喇嘛在日本的官方網站上，便舉發中國政府「任意逮捕、拘禁西藏人」、「強迫西藏女性進行結紮手術、避孕及墮胎手術」等侵犯人權的行爲。

除了侵犯人權，漢人大量移入西藏也是同樣嚴重的問題。由於漢人大量移入，人口比率急遽改變，西藏人成爲少數民族。讓漢人移入少數族裔地區、施行同化政策，是中國政府的拿手好戲。例如在內蒙古自治區，漢人就占了總人口的八成以上。現在西藏在學校使用中文，拉薩等城市也到處可見中文招牌。由此可以明顯看出，中國要去除西藏佛教界主幹，讓藏文無用武之地。

達賴喇嘛曾經表示：「我們至今既已在苦難中熬過四十年，再等上一百年也算不了什麼。」當然，西藏人並不只是在等待，

他們進行長期戰略，對居住於印度、尼泊爾的十幾萬難民實施紮實的教育。西藏人並以國際輿論為和平的武器，毫不懈怠地尋求解決之道。但與此同時，西藏中國化的速度卻是超乎想像的快速。近年來，達賴喇嘛曾多次公開表示，西藏並不要求「獨立」，而是希望比照香港一國兩制的「高度自治」；但「西藏是中國一部分」逐漸成為既定事實，中國政府並沒有妥協的打算。

第3章

民族的遷徙

游牧民族貝都因人〔敘利亞〕

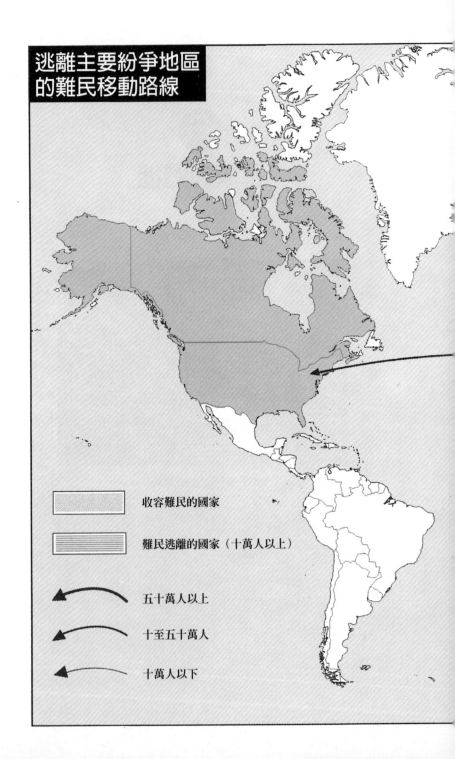

逃離主要紛爭地區
的難民移動路線

收容難民的國家

難民逃離的國家（十萬人以上）

五十萬人以上

十至五十萬人

十萬人以下

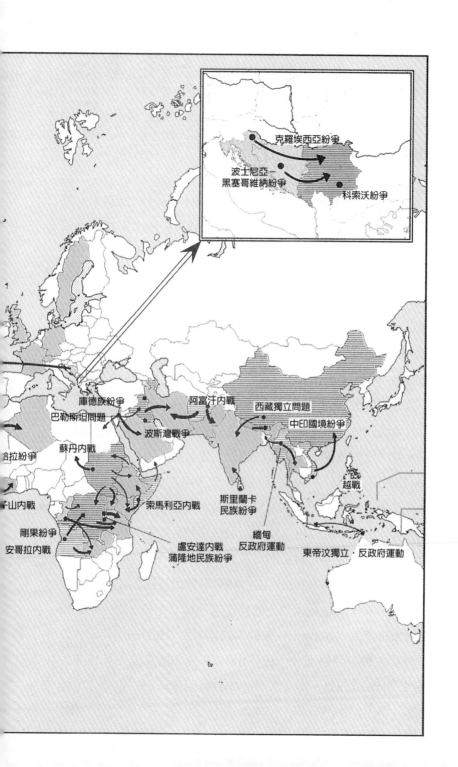

凱爾特人的文化遺產

　　西歐文化表面上是以希伯來文化（Hebraism，包括猶太、基督宗教）及希臘文化（Hellenism，古希臘）爲兩大支柱，而橫亙於這兩大地中海地域文化底層的，就是「凱爾特」（Celt）文化。凱爾特人是指使用印歐語系凱爾特語支各語言的人們。西元前六百年左右，希臘稱居住在歐洲廣大地區的異族爲 Keltoi（譯註：希臘文，拉丁文稱 Celtae 或 Galli，爲西元前兩千年中歐一些擁有共同文化與語言特質的有親緣關係的民族統稱），「凱爾特」就是從這詞演變而來的。

　　凱爾特各民族的分布，因時代而有所不同，但範圍從歐洲中央向西達大西洋的廣袤地域，甚至渡海在大不列顛島、愛爾蘭島紮根，還一度南進羅馬，東抵巴爾幹、馬其頓、希臘、安那托利亞（Anatolia，今土耳其）。由於羅馬的發展與日耳曼民族大遷徙，凱爾特在阿爾卑斯以北、萊茵河以西分布範圍縮小，甚至在歐洲大陸的大部分區域都被併入羅馬。但凱爾特人對歐洲各地擁有多大的影響力，從各地的地名即可得知。

　　例如比利時（Belgium）這名稱來自於困擾羅馬軍隊的凱爾特系貝爾吉人（Belgae）；瑞士的拉丁文名稱 Helvetia 是由凱爾特系的赫爾維蒂人（Helvetii）來的；波希米亞（Bohemia）之名源自塞爾特人的一個集團波伊伊（Boii）。渡海抵達現今英格蘭的不列顛人（Britons），則在大不列顛島及對岸法國的布列塔尼地

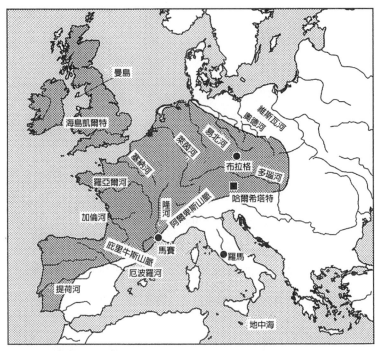

哈爾希塔特文化時代凱爾特人的分布

區（Bretagne）留了名。此外，巴黎是源自凱爾特系的巴黎西人
（Parisii），倫敦也是羅馬軍把凱爾特系的羅汀諾斯人（Londinus）
所居住的地區命名為 Londinium 而來。除了民族名稱，其他源自
凱爾特語支各語言的地名多不勝數。

　　由於凱爾特人沒有留下文字記錄這些歷史，關於他們在古代
的活動，只能根據考古資料及希臘人、羅馬人的記錄。根據這些
資料，大陸凱爾特（Continental Celtic）的文化分為三個時期。
其一，就是現在奧地利中部以哈爾希塔特遺跡為代表的哈爾希塔

特文化（Hallstatt，西元前七世紀至前五世紀左右，歐洲鐵器時代初期文化），這個時期，凱爾特人主要出口鹽、銅、錫等產物給希臘及伊特魯里亞。

其次是以瑞士的拉楷提納遺跡為代表的拉提納文化（La Tene，西元前五世紀到西元前二世紀左右）。這時期凱爾特人向東、西、南方遷徙，活動範圍擴大，此時他們獨特的美術樣式，例如具有漩渦花紋、怪獸裝飾的金工等，都已開花結果。後來，現在的法國、比利時南部及瑞士東部的高盧地方（Gallia）成為羅馬帝國領土時，即西元前一世紀中期到西元四世紀左右，高盧凱爾特的文化與羅馬文化融合，名為羅馬化文化（Gallo-Romain）的樣式廣為流傳。關於西元前一世紀中葉凱爾特人的活動及風俗，凱撒大帝所著的《高盧戰記》（*Bellum Gallicum*）中有詳細的記載。

大陸凱爾特時代結束後，愛爾蘭、蘇格蘭、威爾斯以及位於大不列顛島與愛爾蘭之間的曼島，則以「海島凱爾特」（Insular Celtic）形式傳承凱爾特的語言及習俗。以下就將凱爾特文化視為「海島凱爾特」文化的中心進行說明。

凱爾特文化的特徵之一，就是因《哈利波特》（*Harry Potter*）、《魔戒》（*The Lord of the Rings*）受歡迎而眾所周知的魔法、妖精的世界，也就是異教的神話與傳說。名為督伊德（Druid）的祭司掌管的凱爾特宗教，並沒有特別抗拒中世紀的基督宗教，很快就跟它融合。例如愛爾蘭神話中的女神達娜（Danann），由於跟東方崇拜的聖母瑪利亞的母親聖安娜同樣大名鼎鼎，最後被

視爲同一個人。相對地，基督宗教接受了凱爾特的豐收祭典，而有了萬聖節。總之，凱爾特的宗教和基督宗教相融合。而在基督宗教世界中失去蹤影的凱爾特諸神，也就被矮化成妖精或侏儒小人了。

凱爾特文化的另一項特徵，是以高度抽象、裝飾的「花紋美術」爲代表的美術圖樣。相對於希臘、羅馬的繪畫或雕刻只顧著具體、寫實地描繪人類姿態，凱爾特人則受想像力驅使，自由表現變形誇張的動物或怪物，幾乎沒有作品直接呈現人類之姿。大陸凱爾特的拉提納文化中特殊的花紋美術，也被海島凱爾特文化吸收、繼承，從六世紀到九世紀初，以愛爾蘭爲中心開展的「凱爾特修道院文化」，其精髓就濃縮成爲《凱爾斯書》（*Book of Kells*，此書由四部福音書組成，每篇短文的開頭都搭配一幅插圖，共計兩千幅，據說是世上最古老的手抄本《新約聖經》，年代可追溯至第八世紀，係由教士一筆一筆描繪而成）、《杜勞書》（*Book of Durrow*）等福音書的「裝飾抄本」。細膩精緻的漩渦、繩紋圖樣，有如深埋在羊皮紙中，天馬行空的鳥獸、怪物圖樣裝飾著文章開頭的文字，將觀者領入神秘的世界。很顯然，異教的美術已昇華爲基督宗教聖經的裝飾。就這樣，凱爾特的花紋美術也影響了中古世紀歐洲的羅馬風格藝術（Romanesque Arts，十一世紀至十二世紀）。

其他凱爾特的文化遺產，例如凱爾特語支的各種語言、凱爾特音樂，也被愛爾蘭、大不列顛島、法國的布列塔尼地區所承繼。有關語言、音樂與凱爾特人的認同感密切結合的例子，請參考第

一章「曼島語的復活與原住民意識」，以及第五章「令人注目的北愛爾蘭和平問題」。

海洋民族的擴張

人類的歷史，是遷移的歷史——而且不只是陸地上的遷移。遠古時代人類的航海技術還未臻成熟，那時就有民族憑著直覺和經驗而航向洶湧大海、擴展勢力，例如古代的腓尼基人。腓尼基人於紀元前獨佔地中海的海上貿易逾千年，他們以地中海東岸為根據地（現在的黎巴嫩及其周邊），越過西端的直布羅陀海峽（Strait of Gibraltar）到達大西洋，在沿岸各地建立眾多通商據點及殖民地。此外，腓尼基人將黎巴嫩等地區的木材、玻璃、金屬製品或刺繡等工藝品，運到地中海西岸的埃及、近東諸國或非洲，換來金銀寶玉、象牙、香料、莎草紙（papyrus，這種紙張一直使用到八世紀左右；papyrus 即為英文 paper 的字源），以及奴隸。

荷馬（Homer，約西元前八至前九世紀的古希臘吟遊盲詩人）說，腓尼基人是「黑船中滿載無數商品的貪婪水手」。事實上，腓尼基人的行徑雖然有如海盜，但他們的活動也成為地中海文化的強力推手。希臘人幾乎直接採用腓尼基人發明的字母，就是一例。可以想見腓尼基人在古代地中海世界的影響力有多大。

時代大幅往後推移，歐洲遠北的諾曼人（Normans，意為「北方人」）航海技術純熟，頻繁活躍於大西洋。他們，就是維京人

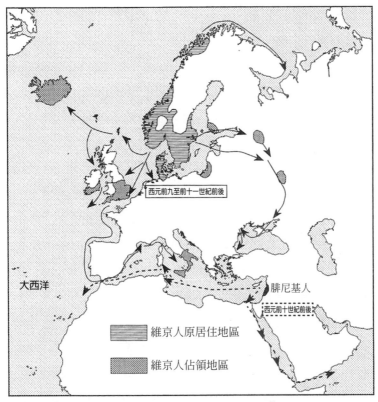

大西洋

腓尼基人

西元前九至前十一世紀前後

西元前十世紀前後

維京人原居住地區

維京人佔領地區

維京人活動路線（實線）與腓尼基人貿易路線（虛線）

（Viking）。

　　提起維京人，就會想到戴著特殊頭盔的殘暴海盜。歐洲各地遭到掠奪的教會和修道院，對維京人恨之入骨，稱他們為「野蠻異教徒的海盜」（事實上，維京人的鐵製頭盔並沒有裝飾著公牛角）。維京人的確好戰，但也從事貿易，他們在侵略過的地方建

國，重繪歐洲的民族地圖。與其強調他們曾經行如海盜，或許說他們是要擴展諾曼人的勢力比較正確。

諾曼人主要是居住在斯堪地那維亞半島（The Scandinavians）的日耳曼民族，他們在八世紀後期到十二世紀間南下大西洋，沿波羅的海各河川入侵歐洲各地。這期間，前進俄羅斯的諾曼人利用聶伯河（Dnieper River）流域確保自己可由黑海出海，並與拜占庭商人和伊斯蘭商人進行交易。九世紀後半葉，諾曼人在這個據點建立大諾夫哥羅德（Veliky Novgorod，爲俄羅斯最古老的城市）與基輔（Kyiv）等城邦國家，此即俄羅斯的起源。

另一方面，部分前進法蘭斯的諾曼人以塞納河下游爲根據地，在各地進行掠奪，但最後和西法蘭克（West Francia）皇帝查理三世（Charles III, 879-929）締結封建式的主從關係（譯註：當時法蘭西帝國積弱不振，查理三世與諾曼人簽訂協議，將整個諾曼第劃給他們，但由於仍是公爵領地，因此諾曼第公爵仍是法皇臣子，必須服從查理三世），並於九一一年建立諾曼第公國。

由丹麥地方出入英格蘭的諾曼人，被英國人稱爲 Danes（譯註：字義上 Danes 是丹麥人，但當時從北歐流竄到英格蘭的不只丹麥人，所以 Danes 並非只代表丹麥人）。Danes 統治了盎格魯撒克遜人，於一〇一六年建立王朝（稱爲 Dane Dynasty 或 Danse Dynasty）。這個王朝雖然短命，但在一〇六六年，與英格蘭王室有血緣關係的諾曼第公爵威廉建立了諾曼第王朝，這就是所謂的「諾曼征服」（Norman Conguest of England）。威廉的血脈一直延續至今。

　　諾曼第公國的諾曼人後裔也征服南義大利與西西里島，於一一三〇年建立西西里王國（Kingdom of Sicily, 1130-1194）。再往前回溯，也有記載指諾曼人發現冰島並開始殖民，此外，諾曼人比哥倫布還早五百年抵達北美大陸。可以知道諾曼人活動範圍相當廣泛。不論是在俄羅斯或法國，諾曼人雖然是征服者，卻很快就跟當地居民同化，幾乎沒有留下任何北方傳統文化的痕跡。

　　腓尼基人和諾曼人的活躍雖然相隔一、兩千年，但都追求致富，也有許多記載描寫他們優異的航海、造船技術。不過，以下所介紹的太平洋海洋民族，就幾乎沒有什麼歷史紀錄了。

　　關於太平洋海洋民族起源，一般認為他們的原鄉在中國南部（譯註：有一說在台灣，一說在菲律賓呂宋島），他們由北方南下航經台灣、印尼等地，到了大洋洲各島，大部分分散到沒有原住民的密克羅尼西亞（Micronesia）、玻里尼西亞（Polynesia）各島。根據推測，在西元前二〇〇〇年甚至更早之前，太平洋海洋民族開始進入太平洋。大約經過兩千年，海洋民族後裔的分布範圍為：東部擴展到智利所屬的復活節島（Easter Island。另一說到達美洲大陸），西部則渡過印度洋到達東非的馬達加斯加島。以經度來看，竟涵蓋地球三分之二的廣大海域。

　　證明此說法的證物，是有舷外浮材的獨木舟（outrigger，舟身兩側裝置浮材以確保不會翻船的獨木舟）。在東部除了台灣、東南亞的島嶼、澳洲之外，大洋洲、復活島，西至南印度、斯里蘭卡和馬達加斯加等地都有這種獨木舟。這種獨木舟在東部的分布，與南島語系（Austronesian）的分布區完全吻合。此外，這

裡作爲食糧的蕃薯也傳入非洲；發源於東南亞的木琴，現在則成
爲馬達加斯加對岸的莫三比克的民俗樂器。亞洲古文化直接傳入
非洲的例子爲數不少。

海洋民族的擴散

吉普賽人的千年漂泊

近年來，羅馬尼人（Romany，舊稱吉普賽人）的音樂與舞蹈都相當流行，以羅馬尼人爲題材的電影也不少。許多人都知道「羅馬尼」這名稱已取代「吉普賽」，但全歐洲的羅馬尼人約有八百萬人，估計全世界有一千萬人，他們的整體形象還是很模糊籠統。廣義來說，羅馬尼人是從印度西北部旁遮普地方遷移到歐洲的亞利安民族後裔，根據地域的不同，各個集團的生活形態及認同感都有差異，無法視爲同一民族來討論。

首先，光名稱就相當混亂。吉普賽（Gypsy）的語源是英文的 Egyptian，這是因爲吉普賽人曾被誤認爲出身埃及。西班牙文中的基泰諾人（Gitano）及法文中的基坦（Gitanes），同樣是這種情形。他們也被稱爲茨岡人（Tzigane，法文；Zigeuner，德文）等，這是源自希臘文，意指異教徒集團。其他說法指出，他們是從波西米亞地區流浪而來的，所以稱爲「波西米亞人」；也有人把他們和其他民族完全混爲一談，例如「薩拉森人」（Saracen。譯註：中世紀基督教用語，指所有信奉伊斯蘭教的民族）、「韃靼人」。就像這樣，各國語言對羅馬尼人各式各樣的習慣稱呼當然都是他稱，但或多或少都具有負面的印象。

而他們同族間自稱的「羅姆」（Rom），在羅馬尼語中意指「人類」，羅姆的複數爲「羅馬」（Rom'a）或「羅馬尼」（Romany），主要用於東歐。除了「羅馬」和「羅馬尼」，其自稱還有 Sinti、Klderash、Ashkali、Manoush 等，因地域不同而有差異，但像這

樣每個集團有許多自稱、最後以羅馬尼人概括稱之，近年來已普遍爲人所接受。

不過，有很多人不喜歡被總括稱爲羅馬尼人。例如已居住在德國數百年的信提人（Sinti），並不喜歡被別人和第二次世界大戰後才從東歐流浪至德國的羅馬尼人混爲一談。同樣的，在西班牙定居許久的基泰諾人也自稱基泰諾，他們強調近年來從東歐湧入的窮困羅馬尼人和自己是不同的民族。

一九九○年代，「吉普賽國王」（Gypsy Kings）樂團即聞名全球，只要和音樂連結，「吉普賽」一詞就不會給人負面印象。在法國頗受歡迎的香菸「Gitanes」的包裝，是在藍色底色上描繪手持鈴鼓的女性，頗受好評，沒有必要把名稱或包裝改爲羅馬尼。雖然並非把各種稱呼一律改稱爲羅馬尼才對，但本書也沿用近年來一般的用語，稱吉普賽人爲羅馬尼人。

名稱混亂，也可以說反映了羅馬尼人的多樣性。流浪的羅馬尼人和定居某地的羅馬尼人，差異非常顯著。有些地區的信仰天主教、新教、東正教，有些地區的信仰伊斯蘭教。語言也很多樣化，有些集團以羅馬尼語爲母語，有些則使用與居住地語言混用的混合語，也有些集團幾乎已經不懂羅馬尼語了。

而其共通之處，就是他們不管在哪個國家都是少數民族，都曾遭受歧視、迫害，而要消除一般人對他們的偏見或敵意，還存在著非常大的難題。直到不久前，在東歐持續遭到迫害的羅馬尼人還淪爲難民，湧入德國、奧地利、法國、西班牙、英國等地。因此，歐盟終於開始進行整體研究跟羅馬尼人有關的棘手課題。

被稱爲羅馬尼人的人們，是如何遷移到歐洲的呢？

關於遷移的時期與路線眾說紛紜，但羅馬尼人似乎自八世紀到十世紀左右，從印度西北部向西遷徙，成爲擔任音樂、雜藝演出的低階層種姓集團。其中許多人從拜占庭帝國遷至巴爾幹半島，於十五世紀初到達西歐，但他們生活習慣獨特，性喜遷徙，不受定居處社會認可，而在各地遭到迫害及排斥。儘管大家可以透過許多書面資料了解他們，但十五世紀以後，羅馬尼人被視爲不潔而猥瑣的流浪集團、使用魔法的異教徒、邪惡之民，而遭受眾人嫌棄。

羅馬尼人被各個村鎮、都市、國家所驅趕，而散布在歐洲各地，最後甚至被迫離開歐洲，部分羅馬尼人渡海到了南、北美洲或澳洲。某方面來說，只是被驅逐出境還算幸運呢。十六世紀時，英國訂立法令規定「凡吉普賽人必處死」，羅馬尼人只要進入英國村鎮，就得接受如此極端的懲罰。此外，以「獵殺異教徒」之名而遭屠殺的羅馬尼人，也爲數不少。

羅馬尼人遭受的迫害，到納粹進行集體屠殺時達到高峰。納粹黨人高唱「亞利安人的優越性」，認爲同爲亞利安人的羅馬尼人丟人現眼。在奧許維茨（Auschwitz，位於波蘭南部）和其他集中營遭殺害的羅馬尼人，據估計有五十萬人。羅馬尼人沒有文字，沒有留下與猶太人不同的紀錄。此外，歐洲各地的羅馬尼人並不覺得彼此是命運共同體。雖然這起空前絕後的屠殺史實發生於六十年前，羅馬尼人理應記憶猶新，但相對於猶太人追究納粹黨戰爭罪行的決心，羅馬尼人卻沒有大聲控訴自己的民族悲劇。

羅馬尼人經歷了六百年遭驅逐與迫害的歷史，另一方面，隨著地域、時代的不同，羅馬尼人還被迫定居下來。史上聞名的例子，就是十八世紀時奧匈帝國的女皇瑪麗亞‧特瑞莎（Maria Theresa, 1717-1780）試行的同化政策。為了使奧地利從中世紀封建國家轉變為近代中央集權國家，特瑞莎女皇實施許多改革，但對羅馬尼人的政策卻澆熄了「國母」的熱情。特瑞莎女皇下令禁用歧視羅馬尼人的稱謂「茨岡人」，推動定居化政策使羅馬尼人成為「新農民」。國家授與羅馬尼人農地、禁止他們遷移，此外他們負有服兵役、納稅的義務。由於這項政策無視於羅馬尼人的傳統文化及民族情感，自然無法順利推展。特瑞莎女皇之子約瑟夫二世（Joseph II, 1741-1790），更進一步推動強硬的同化政策，例如禁用羅馬尼語等，企圖讓羅馬尼人「近代化」，最終也告失敗。

羅馬尼人本身是希望定居、還是性喜自由遷移呢？這不能一概而論。

首先，羅馬尼人到哪裡都惹人厭，就算想定居一地也不見得能如願。而定居、半定居以求營生的羅馬尼人，很多都遭受歧視，由於教育水準低、就業機會少，因此被趕到社會的底層或邊緣。昔日有些人以馬車為家，現在有的人住在露營車、拖車中，以經商、露天生意、街頭表演維持生計，他們會享受這樣的生活方式不足為奇。不過這種「典型的」羅馬尼人其實占極少數，絕大多數的羅馬尼人都居住在惡劣的環境中，一遭到驅逐就得搬遷，只能過著漂泊的生活。

在南斯拉夫解體過程中決堤而出的民族問題，我們將在其他章節說明。但在科索沃（Kosovo）自治省，羅馬尼人同時受到阿爾巴尼亞裔及塞爾維亞裔居民敵視，而遭受攻擊。結果，本來定居在南斯拉夫的羅馬尼人淪為難民，逃往鄰國。這是近年來受到混亂政治情勢牽連，造成羅馬尼人遭受排斥的一例。此外，由於經濟混亂衰退而成為經濟難民的羅馬尼人，更不知凡幾。

在過去由社會主義統治的東歐，有不少羅馬尼人在工業或大規模農場就業，但導入自由經濟體制後，最早失業的，就是他們。其中，有最多羅馬尼人居住的羅馬尼亞，在總統西奧塞古（Nicolae Ceausescu, 1918-1989）執政的獨裁時代，羅馬尼人被視為劣等民族而遭到壓迫；羅馬尼亞自由化後，羅馬尼人連僅能糊口的工作也沒了，因此許多人前往德國、法國、西班牙等西歐各國。一九九二年，因經濟危機而從羅馬尼亞遷移到德國的數萬名羅馬尼人，還遭德國強制遣返。順帶一提，近年來全世界知名的羅馬尼亞樂團「Taraf de Haidouks」（中譯「綠林好漢」）在羅馬尼亞國內知名度卻很低，可以反映出羅馬尼人在該國多麼為人嫌惡。

捷克這國家，也一直明目張膽地迫害羅馬尼人。一九九七年播出的記錄片報導加拿大接受羅馬尼人定居後，流亡的羅馬尼人便大批湧入加拿大；捷克甚至提議，羅馬尼人如果放棄某個自治體的居住權，可以補助他們前往加拿大的旅費。

在歧視及迫害羅馬尼人特別嚴重的東歐各國，現在有愈來愈多羅馬尼人隱藏真正身份，而說自己是土耳其人、羅馬尼亞人、匈牙利人。一般來說，羅馬尼人非常討厭被同化，但隱藏真實身

份的羅馬尼人當中，有不少人捨棄羅馬尼人的認同感、捏造自己的出身只求生存。

羅馬尼人的精神文化中，被認為具有「淨／不淨」、「污穢」等與印度教文化相關的價值觀。有人批評，羅馬尼人非常注重傳統與習慣，由於不適應完全不相容的歐洲文化，無法接受歐洲的教育課程等，因此無法從貧困與歧視中脫身，但這種批評並不適用於所有集團。

就瑞典及芬蘭的政策來說，這兩國一方面推動羅馬尼人的教育及就業機會，同時加強他們定居的意願，並認可他們具有一定的權利，結果向來實行族內通婚的羅馬尼人，在瑞典和芬蘭也和異族通婚。在這兩個國家，羅馬尼人很少，不會在社會上引發衝突。儘管不論實施何種計畫都會被批評為「同化政策」，但只要尊重羅馬尼人獨特的文化，並認可他們的權利，他們也能融入歐洲社會。這兩國的政策可以為鑑。

一九九三年，奧地利領先全世界，將居住在國內的羅馬尼人公認為「民族集團」。奧地利嘗試用羅馬尼語教育學生，並且正在研究保障羅馬尼人權利的政策。雖然實際上未能減輕對羅馬尼人的歧視與偏見，但羅馬尼人本身也發起組織活動，儘管進展不大，至少有意改善明顯的社會不公了。

對於希望加入歐盟的東歐各國，歐盟設置了幾道關卡，與人權問題相關的羅馬尼人政策就是其中之一。匈牙利及捷克於二〇〇四年成功加入歐盟，羅馬尼亞及保加利亞正申請加入，但如果他們無法在雇用、教育、居住等方面提出羅馬尼人政策，就無法

加入。當然，就算他們提出改善羅馬尼社會的政策，但改善羅馬尼人的處境並無法立竿見影。這些國家也擔心，形式上的保護政策會招致多數居民的反彈。於是沒有加入歐盟的國家，索性忽視羅馬尼人的問題。

儘管如此，歷經六百年的迫害後，這數十年間可以看到羅馬尼人的歷史正迎向轉捩點。一九七七年，羅馬尼人組成「國際羅馬尼人聯盟」（The International Romany Union），持續嘗試解決各種問題。儘管他們不像猶太人擁有以色列這民族國家爲後盾，但現在在國際上的發言機會已大幅增加。國際社會已不允許對羅馬尼人進行迫害或單方面的同化政策。而在羅馬尼人這方面，他們不得不在「維持民族的獨特性」及「遵守當地社會的規則」間做出抉擇，往後這類情形應該是有增無減。

華僑、華人與新華僑

在全世界，中國移民及其後裔大約有五千萬到八千萬人，這些人即一般所知的「華僑」。更確切地說，華僑是指保留中國籍而僑居他國的華人，和取得居住國國籍的華人不同。留學生也不算是華僑。

中國人的移民歷史雖悠久，但其移民大量湧入東南亞或南、北美洲，則是在十九世紀後半葉之後。初期的移民大多是「苦力」，他們被強制送往歐美各國殖民地的農場，取代「奴隸」。十九世紀末，廣東及福建等地的許多貧農都爲了謀生而遠渡重洋。

「華僑」一詞就源於此時。

華僑的「僑」有「暫住」之意，這可能是源於中國人爲了衣錦還鄉而努力經商的形象。一般人對華僑的刻板印象，就是他們會依血緣、地緣而集結，堅守家鄉的風俗習慣，且熱衷經商。的確，對於白手起家、身無分文來到異國，而希望開創事業的人來說，同胞之間守望相助，是讓自己能專心苦幹的最基本條件。

事實上，這些華僑的確提升了東南亞各國的經濟水準。甚至在閉鎖的日本社會中，成功累積可觀資產的華僑也不在少數。

然而在新加坡（華人占人口總數八成）及印尼（華人只占三％、四％的人口，卻壟斷了資本），他們對華僑或華人卻有截然不同的印象及看法：在封閉的互助組織中謹守母語及風俗的舊世代與適應居住國的二代、三代後裔產生代溝；華人中有投資事業的資本家和做小買賣的商人，也有貧農出身者和高學歷的中產階級等。他們的發展各有不同，無法用「華僑」一詞一概而論。

尤其是一九八〇年代起激增的移民，價值觀或追求的目標和早期華僑相當不同，被稱爲「新華僑」。「新華僑」一詞爲駐日中國記者莫邦富所創，他的著作及許多報導中，有關於此詞的詳細說明。根據莫邦富的說明，新華僑大多出生於都會區，具有高學歷、留學經驗，和老華僑（八〇年代前移民的華僑，如此稱呼與他們的年紀無關）聚集的中國城沒什麼淵源。新華僑有很強的獨立意願，絲毫不怕冒險犯難，塑造出「進取」的新華僑形象。

一九八〇年代以後，中國移民海外的人之所以激增，是因爲鄧小平推動「改革開放」政策。過去不見容於中國社會的華僑，

現在由於為祖國帶來財富而獲得好評，在海外發展成功的人成為大家羨慕的對象。不過，希望出國的中國人雖大增，合法出國的管道卻相對太少。因此許多人便委託被稱為「蛇頭」的人口仲介份子，非法偷渡到他國。

開放政策提倡「先富論」，主張先使發展條件較好的地區繁榮起來，根據這樣的原則，這二十幾年來，中國各地貧富差距顯著擴大，這也成為人們移居的一大原因。數千萬農民從貧窮落後的內陸農村，湧入先繁榮起來的沿海都市，這波人口流動稱為「盲流」。而夢想變得更富裕、更成功的中國人民，則甘冒所有風險，跨越國界，成為新華僑。

一九九〇年以後，華僑前往導入市場經濟政策的俄羅斯或東歐，頗受矚目。新華僑在先進國家大多只能從事勞動工作，在開始實施市場經濟政策的俄羅斯及東歐反而較能獲得商機。近年來，很多中國人看準非洲各國和大洋洲小國的潛力，而移居該地開拓商機。不過，這些新華僑在當地人生地不熟，卻又無懼風險、莽撞蠻幹，在一些治安較差的國家還是引發了一些事件。例如二〇〇六年二月，在南非兩天之內就有三名中國人遭到強盜射殺。

「先富論」也促成高學歷者留學海外，但在過去，留學美國等地的菁英或在海外創業成功的新華僑，是不會想搬回祖國的。不過近年來，有愈來愈多留學海外的中國人在累積財富後回到中國投資，帶動了中國的經濟發展。中國政府在上海等經濟中心祭出各項優惠政策，就是希望吸引在海外事業有成、資金雄厚的新華僑。當年以新華僑身份「流出」的人才，現在回流到了經濟持

續驚人成長的中國。

在日本，中國移民通常給人非法居留、非法就業的負面印象，但在美國、日本、德國等地留學或研修，擁有高深專業技術的新華僑菁英也大有人在。透過他們，中國經濟和世界經濟交流的管道日益擴大。

近代勞工移民：奴隸、苦力、日本後裔

自十一世紀諾曼人遷徙以來，歐洲民族的地圖大抵已劃分為現存的模樣。後來五、六個世紀中，雖然未再興起大規模民族遷移活動，但大航海時代時美洲大陸和大洋洲地圖的重劃，也是因歐洲人遷移而展開，進而開啓了近代移民史的新頁。

歐洲人為了致富、打造新天地，需要大量勞動力，於是產生了移民史上最大的問題——奴隸交易。從西非賣出的非洲居民渡過大西洋，到加勒比海地區種植甘蔗、到北美種植棉花、到巴西種咖啡……，被交易到這類大規模農場的奴隸，累計約有兩千萬人。十六世紀到十九世紀後半葉，這些地區的民族地圖有著大幅的改變。

大致說來，加勒比海各國在白人抵達後，原住民陸續滅絕，非洲黑人後裔取而代之，如今成為多數民族。南美洲方面，原住民、白人、黑人則彼此混種。相形之下，北美洲人種間則因長期的歧視，對立相當嚴重。奴隸交易產生的負面影響，在北、中、南美洲三地產生三種不同的狀況。

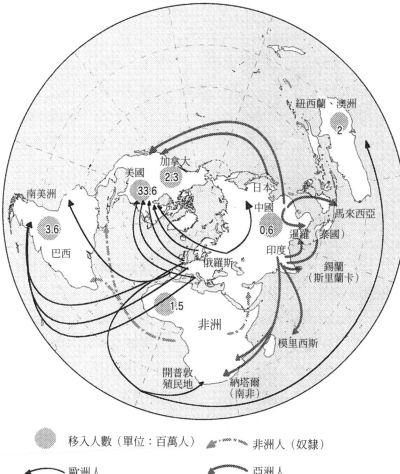

移入人數（單位：百萬人）　　非洲人（奴隸）

歐洲人　　　亞洲人

國際間的人口移動（1820年-1910年）

這段期間，大量的人口由歐洲遷移到北美。尤其是一八四〇年代，由於飢荒之害，
數十萬愛爾蘭人渡海求生。在此時期，美國已經廢止奴隸交易，但直到一八五〇
年，巴西仍然從事奴隸買賣。

　　奴隸制度於十九世紀廢除，但農場仍舊需要勞工。取代黑人
奴隸的，是來自中國及印度等國的亞洲「契約移民」。雖說得簽
訂契約，但當時的勞工大多是強迫或半強迫地被送出國門。被稱
爲「苦力」的這類移民，尤其在華僑史上寫下辛酸的一頁。

　　和中國人相較，印度勞工較不引人注目。不過南美北部的蓋
亞那（Guyana，南美洲唯一說英語的國家）和鄰國蘇里南
（Suriname）各有五成、四成人口是印度移民，他們都是前來從
事甘蔗栽培的勞工後裔。此外，在南非、肯亞、馬來西亞、斐濟
等地，也有很多印度裔居民。歐洲人「發現」新大陸，對非洲、
亞洲的部分民族而言，卻是苦難的開始。

　　另一方面，美國無視於強制移民的歧視問題而一意孤行，如
今仍爲人種問題付出極高的代價。身爲移民國家，美國曾被稱爲
「種族大熔爐」。然而，不同民族融合在一起的「熔爐」論，畢竟
只是理想。因此有人提出「沙拉碗」論，亦即不必強迫混合各民
族的固有質性，應保留其特徵，最好能使全體調和。這種見解在
二十世紀後半葉改稱爲「多元文化主義」，但從現今美國社會新
保守主義、基督教基本教義派抬頭的情形來看，這也不過是一種
幻想罷了。

　　十六世紀後，歐洲人持續向南北美洲、非洲、亞洲、大洋洲
擴張。歐洲一些國家變窮、發生饑荒，雖非逼不得已，但許多歐
洲人都自發地移民。這些歐洲人當中，出現了奴隸、半強制移民，
乃至於契約移民。儘管英國殖民地及美國在一八○八年禁止奴隸
買賣，但這個制度到十九世紀末才在各地完全剷除。

在日本方面，日本人首度於一八六八年（明治元年）集體被送往夏威夷及關島。這個團體名爲「元年者」，是最早的日裔移民。明治政府本來沒有積極移民的計畫，元年者在外打拚的成果也不怎麼豐碩，但後來日本卻被迫不斷送出移民。

日本政府推行現代化，財源來自於農民的地租，但因負擔過重，不少農民滯納，數十萬農民的耕地遭查封。同時，由於日本現代產業剛起步，都市無法完全吸收農村釋出的人口。無處可去的日本人民，就成了移民的預備成員。於是日本移民再度前往夏威夷，後來也到北美、澳洲；但因爲各地排日運動日益嚴重，日本便停止移民北美。日本移民轉而開始流入秘魯、巴西。

秘魯會接受日本移民，是因爲他們忘不了以往使用苦力的好處。巴西在接納日本移民時，已解放黑人奴隸達二十年之久。農場雇主需要的，就是像奴隸、苦力般的勞工。然而對於新遷入的移民來說，那時代是不可能得到可靠的勞動條件保障的。

當時日本提出的移民招募項目，其實是掛羊頭賣狗肉。在異國勞動、忍耐幾年便可衣錦還鄉的美夢，在抵達移民國的第一天就幻滅了。在秘魯及巴西，早期日本移民的苦難難以盡數。有的人逃出農場到都市謀生、有的人逃往內地，也有人死於霍亂、瘧疾。日本政府招募移民前所進行的現場探勘工作草率粗糙，招募要項也是草草成書，這種情形之後也沒有改善。第二次世界大戰日本戰敗，爲了安置歸國者及國內失業民眾，政府又提出中美洲多明尼加共和國的移民計畫。這項急就章又產生一批受害者，這些日本民眾根本是「棄民」。二〇〇六年七月，在紀念日本人移

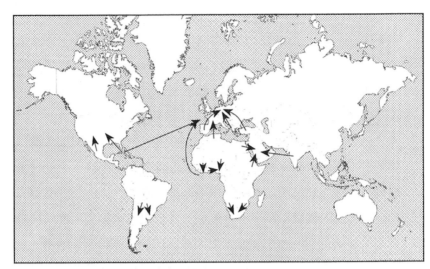

一九六〇—七〇年代　許多人前往歐洲、美國、中東產油國謀生。

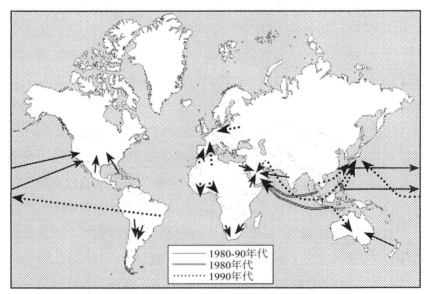

	1980-90年代
	1980年代
	1990年代

一九八〇年代　石油危機後歐洲經濟衰退，到歐洲謀生者減少，前往美國、中國、中東產油國者則顯著增加。

一九九〇年代　石油價格高漲，前往中東產油國的人數減少，轉往經濟富裕的日本、美國、歐洲、澳洲之人數大增。

民多明尼加五十週年時，前首相小泉純一郎正式向民眾「謝罪」。年事已高的移民撤銷對政府的損害賠償訴訟，無奈地選擇和解，這事件在政治上終於告一段落。

日裔移民史雖然充滿苦難，不過，有許多在南美洲的日裔移民努力安居樂業、在當地札根。例如很多人憑著一雙巧手而開起理髮店。理髮店過多而招致當地人反感時，日裔移民便在不太食用蔬菜的南美各地開創販賣蔬菜的商機，發揮傑出的農業本領。此外，有種植花卉、果樹而成功的，也有勤奮向學而獲取醫師或律師資格的第二、三代後裔。總之，日本勞工正直老實的形象深植人心。秘魯前總統藤森謙也後來雖然失勢，但在秘魯國內仍有不少支持者，原因之一可說是這種形象滲透人心的結果（藤森謙也被控在位期間涉及多起貪污及暴行，於二〇〇七年被引渡回秘魯，檢察官對他求處三十年徒刑）。

南美洲日裔移民的故事還沒有劃下句點。一九八〇年代後半葉，二、三代日裔南美人陸續返回日本。一九九〇年代，阿根廷和秘魯等國發生嚴重通貨膨脹，而日本正逢泡沫經濟極盛期，因此修訂入境管理法，規定凡三代之內的日裔移民可合法在日本工作，使得返日工作的日裔南美人立刻爆增。

雖然日裔移民離鄉背井的事蹟反覆上演，但他們並非希望在異地有一番作為而在冒險心驅使下任性離開日本的。日本的移民政策是國家解決剩餘人口的策略，因此各國日裔移民的問題可說是日本全國上下的責任。然而日裔二、三代離開長輩事業有成的富裕僑居地，為了打工回到日本，結果遭日本社會輕視，把他們

當貧民看待，還批評他們的語言、習慣。近來，爲了輔導只懂葡萄牙語及西班牙語的日裔二、三代，日本地方政府在教育或勞動場所提供特別服務，但日本社會的保守體質卻沒那麼輕易改變。

現在，日本已經開始需要引進許多外勞，以填補國內勞動人口不足。爲了工作賺錢而回流日本的日裔巴西人之中，有些希望在日本定居，且已有不少人如願。如何與文化背景不同的人好好地共存共生，也就是如何妥善運用「多元文化主義」，是日本人極需注意的課題。

難民何去何從

冷戰後，地域紛爭日益嚴重，難民人數也隨之激增。本書討論的各個民族紛爭，幾乎都製造出大量的難民。對於接受難民的國家來說，難民增加會拖垮該國的經濟、增加其社會負擔。本來難民有正當理由入境該國，該國人民卻把「經濟難民」、外勞混爲一談，而產生令人憂心的排外運動。提及難民問題時，不但要討論難民發生的原因及解決辦法，也要考慮接受難民的國家及整體國際社會的問題。

根據一九五一年聯合國人權會議採行的〈難民條約〉（Refugee Convention），難民的定義是「隸屬某一種族、宗教、國籍等社會集團的成員，因爲政治理由而遭受迫害」，並因之逃至國外，未能受到自己國家保護、或是不期望受到自己國家保護的人。簡單地說，凡是遭到攸關生命的迫害而逃出自己國家、如果返國可

能會危及性命的人，就是狹義的難民。然而此範圍之外的案例也很多，例如爲躲避內戰、天災或飢荒而逃到國外的人，現在廣義上也稱爲難民。

爲難民定義最困難的地方，在於如何認定難民。冷戰時期，對歐美各國（尤其是東歐的鄰國）而言，難民主要指由東遷往西方的人們。成百上千越過國境的人，西鄰各國都無條件收容；若有知名人士尋求庇護，正足以作爲資本主義優越性的活廣告，更是受歡迎。

日本過去幾乎關閉了收容難民的門戶，但自一九七〇年代後半葉開始，不得不接受來自印度支那（如越南、柬埔寨、寮國）的難民。這也是從東方流入西方的難民（比喻由社會主義國家逃往資本主義國家），雖然地理上是由西方流入東方。至於來自中國、北韓的流亡者，日本卻幾乎完全不認可。

然而一九八〇年代，由南向北移動，也就是從開發中國家前往先進國家的難民，大幅增加。加上冷戰結束，這波難民潮與原來東西向流亡的難民潮合流。其中，爲追求富裕生活的經濟難民要比尋求政治庇護的來得多，而西歐各國收容難民的限度已達飽和，於是逐漸關上收容的大門。現在西歐各國對於應該認定爲難民的人以及其他許多移民，都同樣排斥。歡迎外國人等勞工的時代已經過去，各國國內失業者都將不滿發洩在外來者身上。

根據聯合國難民事務高級專員辦事處（UNHCR）的統計，二〇〇五年初，全世界的難民約有九百二十萬人，是過去二十五年來人數最少的一年。這雖是致力遣返大約兩百萬名阿富汗難

民，以及伊拉克、蒲隆地（Burundi，東非國家，舊稱烏隆迪）、安哥拉、賴比瑞亞等國難民所致，但難民人數減少，並非單純意味著不得不過著逃難生活的人減少了。由於愈來愈多國家對於接受難民態度消極，相繼發生強制遣返大量難民的案例，此外，難民申請的案件也不增反減。結果，根據〈難民條約〉而成為保護對象的人數雖然下降，但在自己國內無處可去的「國內難民」反而大幅增加。

內戰或自然災害造成的世界難民及國內難民，總數約三千五百萬人。有些人因紛爭而成為國內難民，為了躲避迫害而流離失所，雖然可以稱為難民，但他們置身於加害者伸手可及的範圍內，國際社會的庇護卻又鞭長莫及，在這層意義下，國內難民的處境比一般難民更加嚴峻。

然而，先進各國認定難民的門檻愈來愈高。根據統計，先進國家接受的難民人數，只占全體難民的四％，也就是不到五十萬人。這也是操弄「反恐戰爭」這冠冕堂皇理由的事例之一。各國都有政治家及媒體把難民、移民和犯罪、恐怖主義連結，煽動排外心態，雖然程度有別，但普遍有這種情形。

那麼，日本接受難民的情形如何呢？日本外務省網頁的說明如下：

一九七〇年代後半葉，印度支那三國流出大批難民，此後日本很快加強對難民的關注，並於一九八一年加入〈難民條約〉。直到二〇〇二年底，日本接受了越南、寮國、柬埔寨為主的印度

支那難民共一萬零九百四十一人，以及〈難民條約〉上的難民三百零五人。

關於難民及難民問題，一般而言日本人的反應很漠然。雖然因為「船民」（譯註：乘船逃出的難民，尤指越南難民）的到來，日本才解除對難民的鎖國狀態，但對印度支那難民以外的難民，則依然幾乎置之不理。二十多年來，日本接受的條約難民只有三百零五人，未免少得離譜。

除了接受難民人數太少，日本出入境管理局的認定標準並不對外公開，申請難民身份的人也曾遭受不人道的待遇等，這些問題都招徠許多批判。日本對於難民問題的「雙重標準」，值得注意。作為國際社會的一份子，日本政府雖捐贈巨額款項支援海外的難民救援活動，或捐錢給聯合國難民事務高級專員辦事處等國際機構，但在日本提出的難民申請案件，卻幾乎全數遭到拒絕。

第4章

原住民、少數民族

新疆維吾爾自治區庫車縣克孜爾石窟〔西元三至九世紀〕絲路觀光以及占中國三成的石油、天然氣產量，為現今新疆繁榮的主因。

世界主要原住民之分布

全世界據說有超過五千種原住民族，本圖僅標記其中一小部分民族的居住地。
粗體字為複數民族集團之總稱。

1. **柏柏人**（Berber）、卡比爾人（Kabyle）、沙維亞人（Chaouia）、圖阿雷格人（Tuareg）
2. 福爾貝人（Fulbe）、丁卡人（Dinka）、貝賈人（Beja）、阿法爾人（Afar）、泰格爾人（Tigre）
3. 依角人（Ijaw）、歐格尼人（Ogoni）
4. 巴卡人（Baka）、埃費人（Efe）、木布提人（Mbuti）、特瓦人（Twa）
5. 索馬利人（Somali）、馬賽人（Masai）
6. 桑人（San）、科伊人（Khoi）
7. 薩米人（Sami）
8. 涅涅茨人（Nenets）、漢特人（Khanty）、曼西人（Mansi）
9. 埃文基人（Evenki）
10. 雅庫特人（Yakut）
11. 楚克奇人（Chukchi）、尤皮克人（Yupik）、尤卡吉爾人（Yukaghir）
12. 科里亞克人（Koryak）
13. 阿伊努人
14. 蒙古族
15. 維吾爾族、藏族、壯族
16. 那加族（Naga）
17. 欽人（Chin）、克欽人（Kachin）、撣人（Shan）
18. 貢德人（Gond）、蒙達人（Munda）、聖塔爾人（Santal）
19. 查克馬人（Chakma）、馬爾馬人（Marma）
20. 甲良族（Karen）、傈人（Lisu）、孟人（Mon）、阿卡人（Aka）
21. 維達人（Vedda）
22. 泰雅爾族、達悟族
23. 邦都人（Bontoc）、伊富高人（Ifugao）、羯陵伽人（Kalinga）
24. 查莫洛人（Chamorro）
25. 伊班人（Iban）
26. 阿斯馬特人（Asmat）

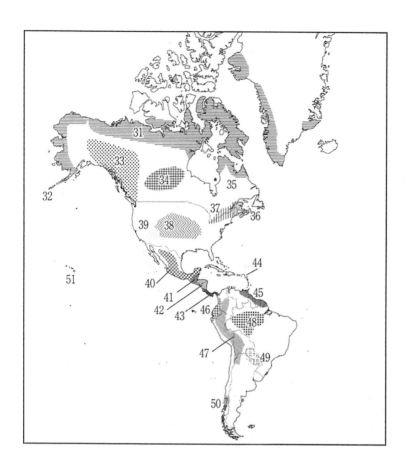

27. 托列斯海峽群島居民
28. **澳洲原住民**
29. 卡納克人（Kanak）
30. 毛利人（Maori）
31. **伊努伊特人（Inuit）、愛斯基摩人**
32. 阿留申人（Aleut）
33. 海達人（Haida）、誇誇嘉誇人
　　（Kwakwaka'wakw）、夸扣特爾人
　　（Kwakiutl）、特林吉特人（Tlingit）、
　　努卡特人（Nootka）
34. 甸尼人（Dene）
35. 克里人（Cree）、奧吉布瓦人（Ojibwa）
36. 米克馬克人（Mikmaq）
37. **易洛魁人（Iroquois）**
38. 阿帕契人（Apache）、阿拉帕霍人
　　（Arapaho）、夏安人（Cheyenne）、
　　切洛基人（Cherokee）、科曼切人
　　（Comanche）、奧格拉拉－蘇人
　　（Oglala Sioux）、波尼人（Pawnee）、
　　休休尼人（Shoshone）
39. 霍皮人（Hopi）、那瓦伙人（Navajo）、
　　祖尼人（Zuni）

40. 惠邱人（Huichol）、馬雅人（Maya）
　　馬薩特克人（Mazatec）、那瓦特人
　　（Nahuatl）、薩巴特克人（Zapotec）。
41. **馬雅人（Maya）**、紀切人（Quiche）、
　　克其人（Kekchi）
42. 加里夫納人（Garifuna）、倫卡人（Lenca）、
　　米斯基托人（Miskito）
43. 庫納人（Kuna）、安比拉人（Embera）
44. **加勒比人（Carib）**
45. 阿拉瓦克人（Arawak）
46. 關比亞諾人（Guambiano）、帕雅人
　　（Paez）
47. 克丘亞人（Quechua）、艾馬拉人
　　（Aymara）、坎帕人（Campa）、
　　烏魯人（Uru）、奇帕亞人（Chipaya）
48. 卡雅布人（Kayapo）、圖卡諾人
　　（Tucano）、雅諾米人（Yanomami）、
　　蒂庫納人（Tikuna）、**帕諾人（Pano）、
　　南比卡瓦拉人（Nambikwara）**
49. 瓜拉尼人（Guarani）
50. 馬普切人（Mapuche）
51. 夏威夷原住民

國際原住民年與馬雅民族

一九九〇年，聯合國總部通過決議，將一九九三年訂爲「世界原住民的國際年」（國際原住民年，於一九九二年改稱爲「世界原住民國際年」）。後來又決定將一九九四年起的十年訂爲「世界的原住民國際十年」。爲了呼應這個計畫，一時之間，就連在日本，媒體都炒熱了阿伊努人（Ainu。譯註：又譯愛奴人。亦有一說指阿伊努人即爲蝦夷人，但目前仍有爭議。本書皆使用「阿伊努人」一詞）議題，但正如本章往後幾章所述，阿伊努人還是沒有得到日本認可爲原住民族，對於發起阿伊努人權運動的人而言，「世界的原住民國際十年」留下了許多懸而未決的問題而悄悄落幕。

國際原住民年實施後，世界各地原住民族的權利意識大幅提高。愈來愈多原住民族爲了自身權利挺身而出、團結合作，出聲爭取自己的權利；不過這些案例卻極少與他們直接的利益相關。

很顯然的，原住民族的權利問題若遭逢國家或大企業這樣的對手，不容易有什麼進展。但原住民權利問題也因二〇〇一年美國所發生的九一一事件而蒙上陰影。九一一事件發生後，國際社會的目光轉向恐怖組織及反恐戰爭。原住民族的復權運動等遭到擱置，各國重新擬定的「反恐法」，甚至成爲鎮壓原住民族或少數民族運動的方便之計。

本書第一章提及的艾塔組織所屬政黨「巴斯克團結黨」（亦

譯爲「團結黨」），於二○○三年被西班牙執政當局明定爲非法政黨。這不是唯一的例子。印尼前總統梅嘉娃蒂（Megawati Sukarnoputri，）將亞齊省「自由亞齊運動」（Free Aceh Movement, GAM）的游擊隊員視爲恐怖份子，取消停戰協議，進而發動軍事攻擊；不過二○○五年時，雙方再度進行和平協商。同樣的，菲律賓總統艾若育（Gloria Macapagal-Arroyo）也認定摩洛地區的伊斯蘭分離主義運動爲恐怖攻擊行動。

總之，對各國領導者來說，「反恐戰爭」成爲封鎖國內各種火藥味濃厚的行動之絕佳名目。美軍對待伊拉克俘虜的方式飽受全世界譴責，但反恐戰爭如火如荼展開時，人權之類的問題就不再是問題了。美國這超級大國的心態，其實也反映了各國的心態。國際社會對於一國侵犯人權問題的責難，在九一一事件後確實逐漸消音。

本書在其他章節中會舉例說明，在這樣的時代背景下政府與民族自決運動之間的衝突。而本章要探討的，是各國對待其原住民族、少數民族的方式。

然而，「原住民族」一詞的定義，國際上並沒有一致的看法。國際上大致的共識是：原住民族是在某地區過著自古傳承下來的傳統生活的民族集團，但因置身於外來民族所統治的社會，不得不接受統治、居於附屬地位。本章標題雖將「原住民族」、「少數民族」並列，但原住民族與少數民族原本是不相關的。

一般來說，社會中只要某個民族集團人數很少，就會被認爲是少數民族或少數派。原住民族有不少是因外來民族長期侵略或

實施同化政策等，因而人口減少，變成一國少數的民族。北美洲的原住民和澳洲土著就是典型的例子。因此，通常只要提到原住民族，就會聯想到少數民族。不過中美洲瓜地馬拉的原住民族，是比較特殊的例子。瓜地馬拉的原住民族人口占國民總數的半數以上，雖是多數派，卻在社會中遭受歧視。接下來，就從瓜地馬拉的原住民族馬雅人（Maya）談起。

提及馬雅文明，很多人的腦海中都會浮現中美叢林中殘存的謎樣遺跡。馬雅這個古文明，從紀元前直到西元一五○○年左右，在廣大的地域逐漸拓展城邦國家之間的網絡。不過，當中美洲另一個知名古文明阿茲特克王國於十六世紀被西班牙滅亡時，馬雅文明著名的各城邦也開始沒落。數百年後，馬雅文明的範圍僅餘小國程度，馬雅人逐漸忘卻馬雅文明曾是世界一大文明。

傳承這古文明、使用馬雅各語言的後裔們，近年也被稱為馬雅民族。據說居住於瓜地馬拉及墨西哥南部、使用馬雅各語言的人口達數百萬，但實際數目無法估計。

馬雅語言有克佳語（Quechua）、卡吉卡語（Cakchiquel）等二十多種。瓜地馬拉的官方語言只有統治者階層拉丁裔的語言：西班牙語；馬雅各語言被定位為「地方語」及「文化遺產」。所謂拉丁裔，原指說西班牙語的人，但在瓜地馬拉則指西班牙及原住民的混血後裔。順帶一提，在其他地區，歐洲人和原住民的混血很多被稱為 Mestizo；而 Indio 在其他地區並非蔑稱，在瓜地馬拉卻被視為蔑稱（Mestizo，泛指白人和拉丁美洲原住民 Indio 的混血兒。Indio，指印第安人，原為西班牙語，原意指印度人）。

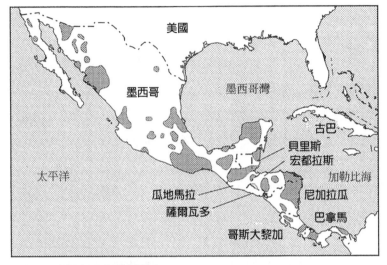

中美洲主要原住民族居住地區　（資料來源：《世界民族問題事典》，日本平凡社）

　　不過也有原住民就算沒有西班牙人的血統，卻因住在都市、只說西班牙，為了與傳統文化劃清界線而自稱拉丁裔。原住民族和拉丁裔的界限其實很模糊，馬雅民族雖自稱占了人口八成左右，但是國際組織二〇〇三年的統計資料顯示，拉丁裔占了五十％，原住民占四十一％，原住民估計人數偏低。

　　對過去的馬雅原住民而言，「我們」是指同村落的夥伴；馬雅系原住民並沒有同為一族的認同感。在拉丁裔看來，或從瓜地馬拉的外部來看，會把印第安人和原住民混為一談，但即使在同樣使用克佳語的地域，各村落也有界線區隔「我們」和「他們」。

　　例如，瓜地馬拉以美麗的傳統手織民族服裝而聞名，但那繁複的織紋圖樣每個村落都不同。就連女性的頭飾、腰帶、裙子的

形狀等，也能一眼就區分是哪個地方出產的。傳統服裝也可以拿來區分「我們」與「他們」。

即便到現在，每個村落仍守護著各自的手織民族服飾特色。另一方面，瓜地馬拉馬雅系農民為主的左派勢力因長期抵抗軍事獨裁，彼此之間產生團結意識。此外，近年來，馬雅系的知識份子逐漸增加，他們推動的語言、文化的研究及保存，也受到世人矚目。

一九六〇年，瓜地馬拉的年輕軍官因不滿當時親美的軍事獨裁政權而反叛，開始了長達三十六年的內戰。後來叛軍領導人潛伏在山中，組織左翼游擊隊持續抗爭。對此，政府加強鎮壓，燒毀藏匿游擊隊的原住民村落，最後終於開始屠殺原住民。

內戰方酣時，軍隊攻擊的受害者將近二十萬人，其中多數是和左翼份子無關的無辜馬雅貧農。大屠殺中倖存的原住民女性曼朱，向全世界揭露瓜地馬拉政府嚴重侵犯人權，並出版《我叫瑞果貝塔·曼朱》（_I, Rigoberta Menchu Tum_）一書，瓜地馬拉的內戰與原住民問題因此受到國際社會矚目。

一九八六年，瓜地馬拉政權移轉後，政府和游擊隊組織持續進行對談；一九九六年十二月，政府和左翼游擊隊的統一組織「瓜地馬拉全國革命聯盟」（URNG）簽署了總括性的和平協定，結束了拉丁美洲為期最長的內戰。在終結內戰的過程中，國際社會的貢獻相當大。

和平協議包括有〈原住民族各種權利及認同相關協議〉，目標在廢除歧視、迫害原住民的政策。過去連受教機會都遭剝奪的

原住民（即使現在也很常見）之中，萌生了「權利與認同感」的意識。不過正如本章開場所述，此時適逢「世界原住民」廣受國際社會矚目的年代。瓜地馬拉政府指稱原住民的傳統文化屬於落後的前近代，並推動限用西班牙文等同化政策，但國際社會則點醒原住民還沒意識到的「馬雅民族」這個概念。

在國際人權團體以及相關組織的支持下，讓瓜地馬拉恢復爲多元民族、多元文化、多元語言國家的「馬雅運動」（Maya Movement）展開了。因爲《我叫瑞果貝塔‧曼朱》一書而成爲原住民人權擁護者代表的曼朱女士，於一九九二年獲得諾貝爾和平獎。一九九四年，聯合國的瓜地馬拉人權觀察團在瓜地馬拉全國展開活動，而在一九九六年內戰結束前，馬雅運動取得成果，有了前述〈原住民族各種權利及認同相關協議〉。

有人批評馬雅運動是「穿著文化隱身衣的政治運動」，也有評論者指出「統一的馬雅民族，是虛構的」。的確，馬雅運動將分屬多種文化、語言群體的民眾統合爲一，讓他們產生「汎馬雅」的認同感，但若說這是單純地由國際社會強迫他們接受的概念，卻言過其實。

不過對拉丁裔而言，諷刺的是，馬雅人本來只把村落以外的成員視爲「異鄉人」，但爲了反抗長期徹底執行、幾乎可稱爲種族滅絕屠殺的迫害原住民政策，反而培養出「汎馬雅」認同感。馬雅運動在國際社會的注目下誕生確是事實，但現在它已成爲一般馬雅民眾的活動，自認爲「馬雅民族」的各個團體都在調整各自的主義和主張。

實際上，〈原住民族各種權利與認同感相關協議〉制定以來，十餘年後的今天，瓜國政府仍然沒有履行廢除歧視、恢復原住民權利的實質政策。保守派的拉丁裔執掌政、經要職的情況幾乎不變，而內戰時期執行屠殺的相關人物，也仍擔任國會議員或高級官員，現在還大權在握。人權活動人士及傳統的宗教家等經常遭受脅迫，實際上暗殺事件也層出不窮。追求新的「馬雅民族」認同感的人們，在真能獲得民族自決權之前，還有危機重重的漫長路程要走。

日本的原住民族阿伊努族

一九九三年為「國際原住民年」，緊接著展開「世界的原住民國際十年」活動，日本的原住民族阿伊努人也受到矚目。湊巧的是，首位阿伊努人國會議員萱野茂（日本社會黨）也在一九九四年出爐。

在媒體的關注下，阿伊努人要求廢除一八九九年制定〈北海道舊土人保護法〉（通稱〈舊土人法〉），制定〈阿伊努新法〉取代。〈舊土人法〉不但使用蔑稱，還將阿伊努人視為日本帝國的「臣民」，否定阿伊努人獨特的傳統和習俗，很早以前就有人主張廢除。一九九四年成為日本官房長官（幕僚長）的五十嵐廣三，曾擔任三屆北海道旭川市市長，非常熟悉阿伊努問題。五十嵐設立了民間諮詢機構「ウタリ因應對策懇談會」（ウタリ，音 Utari，阿伊努語，意指「同胞」），提出報告要求廢除〈舊土人法〉這個

百年惡法、制定〈阿伊努新法〉。

　　於是在一九九七年五月，日本制定了〈阿伊努新法〉，全名為〈阿伊努文化振興暨普及阿伊努傳統之相關法律〉。〈阿伊努新法〉制定前兩個月，萱野茂議員等人控告二風谷水壩建設（此建設工程由北海道開發局負責），結果札幌地方法院做出劃時代的判決，認定阿伊努人為原住民族，並裁決水壩建設違法。

　　然而水壩已完工，因此停止水壩運作的訴求遭到駁回。但這項判決認可日本國土內有阿伊努這個原住民族，意義極為重大。這應該可以使得自認為阿伊努的人們重拾自尊，迎接新時代的到來。現在，日本中學的教科書上有關阿伊努的介紹也比以前更多了，例如十七世紀北海道日高阿伊努首長沙牟奢允與日本人（和人）對抗的事蹟，也收錄其中。

　　阿伊努人到底是哪些人呢？根據北海道「ウタリ協會」的簡潔定義，「阿伊努是阿伊努語中的『人』，與神相對，也是民族的稱謂」。ウタリ協會在它的網站中指出，「阿伊努居住於日本東北地方以北，包括北海道（蝦夷之島）、庫頁島（Sakhalin，亦稱薩哈林島）乃至於千島群島。阿伊努人即為先住在這片廣大的『人類居住的大地』的原住民」。

　　「阿伊努」的意義和英語的man非常相近。man可指「人類」，在man and woman中是指「男人」，在man and wife中是指「丈夫」，在man and his son中則為「父親」之意。而「阿伊努」一詞相對於「神」一詞時為「人類」之意，相對於「女」則指「男」、相對於「妻」則指「夫」、相對於「子」則為「父」。此外，本來

「阿伊努」只適用於稱呼品行端正的人，在男子名後加上「阿伊努」，即是對此人的尊稱。

現在，阿伊努語仍被視為語言系統不明的孤立語言。札幌、稚內、知床、長萬部、ニセコ（音 Niseko）、サロマ（音 Saroma）等北海道地名，約有八成是從阿伊努語來的。此外，也有少數阿伊努語被納入日語中。基於〈阿伊努新法〉而設立的阿伊努文化振興、研究促進機構，開設了阿伊努語的講座，但使用阿伊努語的幾乎全是八十高齡以上的人，真可以說是濱臨絕種的語言。

阿伊努的傳統食物包括熊、鹿、兔子、鴨子等鳥獸，以及鮭魚等豐富魚貝類，還有山菜和稗、粟等少數種植穀物。熊、逆戟鯨、島梟、海、風、火、房子、圓木船等，與阿伊努日常生活相關的動植物及自然現象，甚至連生活用品，都被認為有神明寄居，阿伊努人會膜拜它們。尤其是為了阿伊努人而化身獵物的神，必須以非常虔敬的儀式送回神國。北海道著名的「送熊」祭典，就是把等級特別高的黑棕熊神送回神國的儀式。阿伊努人的各個生活環節，都是以萬物有靈論這種精神文化為支柱。

阿伊努人雖然沒有文字，但和其他沒有文字的人們一樣，擁有豐富的口傳文化，包括流傳數百年的英雄敘事詩、神謠及民間物語。

十五世紀時，日本人（和人）正式入侵阿伊努人的土地「蝦夷地」。蠣崎慶廣在豐臣秀吉（生卒於一五三六至一五九八年，首位統一日本全境的武將，也是日本歷史上最著名的縱橫家）的

認可下統治蝦夷地。秀吉死後，蠣崎慶廣轉而接近德川家康（生卒於一五四三至一六一六年，日本戰國時代的大名〔諸侯〕及江戶幕府將軍），將姓氏改爲松前，並成立松前藩（「藩」爲江戶幕府時代諸侯領地），被認可獨占與阿伊努的交易權。這意味著原本可以跟日本內地（本州）自由交易的阿伊努經濟活動受到極大限制。對阿伊努而言，這種片面且無利可圖的交易是受松前藩所迫，因此阿伊努屢次發起暴動，結果仍得接受松前藩的統治。不過德川家康在認可松前藩對阿伊努交易獨占權的「黑印狀」上，明訂保障「夷」（即阿伊努人）的行動自由。雖然阿伊努人常受和人壓榨，但蝦夷地全境並沒有成爲松前藩的領地，和人也沒有干涉阿伊努的傳統。

不過到了明治時期（一八六八至一九一二年），蝦夷地和北蝦夷地分別改稱爲北海道、樺太（即庫頁島），阿伊努人居住之地被當作無主土地而收歸爲日本領土。當時的戶籍法將阿伊努視爲「平民」，其後又陸續導入同化政策。阿伊努人被迫接受攸關基本生活的禁令，包括禁止設置弓箭陷阱、毒箭，禁止或限制捕鮭魚、獵鹿，日本政府獎勵他們從漁獵生活改爲農耕生活。此外，他們的傳統文化遭到否定，被迫改爲日式姓名。配戴耳環、刺青等習俗，以及送熊祭典等，一概遭禁，還被迫使用日語。前述〈北海道舊土人保護法〉雖然明文規定「保護」舊土人，但實際上阿伊努人遭歧視已司空見慣。

後來，許多阿伊努人選擇不將傳統文化傳承給子嗣，隨著世代交替，愈來愈多阿伊努人隱藏自己的身份。一九九九年在北海

道進行的一項調查顯示，有兩萬三千七百六十七人自稱阿伊努人，但如果加上隱藏阿伊努身份的人，估計阿伊努的人口總數至少會增加一倍以上。

一九九七年制定的〈阿伊努新法〉中，第一條即明訂：「爲了振興阿伊努文化，並將阿伊努傳統等知識普及於日本，應努力實現尊重阿伊努人民族自尊之社會，同時發展我國爲多元文化。」但這項由全文十三條條文及附則組成的法律中，使用「民族」一詞的只有此處及第四條條文。

過去日本政府認爲，聯合國國際人權公約中的 B 公約〈公民權利及政治權利國際公約〉（Inter-national Covenant on Civil and Political Rights）第二十七條所訂的「種族的、宗教的及語言的少數民族」，在日本是不存在的。一九八六年，當時的首相中曾根康弘曾指出「日本人是單一民族」，在日本內外都引發漣漪，但實際上這和政府的見解如出一轍。

諷刺的是，中曾根康弘發表這番談話時，正是阿伊努人權問題成爲聚光燈焦點、恢復人權運動如火如荼展開之時。從一九八七年開始，北海道 Utari 協會就加入聯合國「原住民相關作業部會」，在一九九二年國際原住民年開幕典禮中，當時的理事長野村義一還發表紀念演說。日本政府很清楚無法再否定阿伊努的存在，因此一九九一年日本外務省向聯合國提出報告書，表示不再否定阿伊努人是少數民族。但眾所周知，一些政客仍與政府持相反意見，持續發言表示日本爲單一民族。

然而，日本政府雖承認阿伊努是少數民族，卻不承認他們是

原住民族。這是因為一旦認可他們是原住民族，必定會引發土地權等相當棘手的問題。〈阿伊努新法〉只提倡振興文化、普及阿伊努傳統知識，並不具有保障原住民族的合法效力。以下談論加拿大伊努伊特人（Inuit）與澳洲土著的部分，將有相關說明。不過，在二十世紀的最後十年間，無庸置疑，阿伊努人的現況已有大幅改變。

問題是此後的發展。

一九九八年，首位阿伊努國會議員萱野茂退出政壇，留下了「人（狩獵民族）應該趁著天黑之前歸鄉」這句名言，他在二〇〇六年五月去世，享年七十九歲。萱野茂生前受北海道教育委員會之託，持續翻譯阿伊努敘事詩（yukar）《金成松筆記》（金成松，生卒於一八七五至一九六一年，為阿伊努女性、阿伊努文化傳承者）長達四十年，後因財務困難，九十二章中還剩四十九章尚未譯完（譯完的部分有九章為已故語言學家金田一京助所譯），翻譯工作目前恐怕得喊停。從日本文化廳不再補助阿伊努語翻譯工作一事來看，顯示日本政府忽視〈阿伊努新法〉。每個阿伊努人都能以身為阿伊努人為傲，這樣的日子真的來臨了嗎？

中國的少數民族

中國總人口超過十三億人，其中漢人占了九成以上，其餘為五十五種少數民族。「五十五」這數字，是中國政府認定的。一九五三年，中國政府著手進行「民族識別工作」，當時登記的民

族名稱多達四百多個。但是，誰也不能斷言中國的民族與民族集團到底有多少。有說法指出，因「識別工作」而冒出的少數民族達七十萬人以上。此外，中國各民族的正式名稱最後都會加上「族」字。

中國的少數民族中，人口最多的是壯族，有一千六百萬人，占中國總人口的一％以上，跟荷蘭的總人口數相當。由此可見，「少數」民族並非「絕對」少數，而是一國之中的「相對」少數。其次，滿族有一千萬人，接下來是回族、苗族、維吾爾族、彝族、土家族、蒙古族、藏族。

中國倡導的民族政策是「民族區域自治」，即認可少數民族在特定地區內實行自治。前述的少數民族中，有五個民族擁有自治區，包括內蒙古自治區、新疆維吾爾族自治區、寧夏回族自治區、廣西壯族自治區、西藏自治區。但中國少數民族的特色，就是「大雜居、小集居」，居住地區極端分散。為了要治理呈馬賽克狀分布的少數民族，還設有比自治區更小的行政單位——自治州、自治縣。

以回族而言，除了寧夏回族自治區，還有兩個自治州、十多個自治縣。有趣的是，自治區是最大的行政單位，但區內回族人口只占三成。也就是說，就連在自治區裡，回族還是少數民族。蒙古族和壯族也有相同的情形。

對中國各少數民族而言，妨礙民族團結的主要原因，包括居住地區分散、自治區內漢人眾多（中央政府樂見這種情形）等。此外，自治區若有愈來愈多漢人移入，當然會造成少數民族向漢

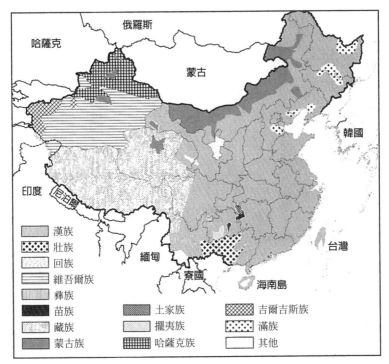

漢族與中國主要少數民族的分佈　　（資料來源：《世界民族問題事典》，平凡社）

圖例：
- 漢族
- 壯族
- 回族
- 維吾爾族
- 彝族
- 苗族
- 藏族
- 蒙古族
- 土家族
- 擺夷族
- 哈薩克族
- 吉爾吉斯族
- 滿族
- 其他

族學習、同化。目前中國中央政府雖否定施行同化政策，實際上有些地區已推行同化。尤其是在西藏，為了牽制藏人的民族獨立運動，中國政府公然採行同化政策，這也是國際社會擔心的人權問題。

　　讓我們從其他觀點來看民族自治區的問題。被賦予自治區的有：中國北方「馬背上的民族」、過去曾創立元朝、功績顯赫的蒙古族；傳承佛教文化的藏族；自唐朝以來對東西文化交流卓有

貢獻的維吾爾族；以伊斯蘭教爲後盾的回族。此外還有壯族。

　　本書第一章曾提及，視中國爲世界中心的中華思想，是藉由用漢字與禮教爲中心的文化回饋周邊各國、各民族的朝貢，從而將中華世界無限擴展開來。事實上，從東漢到清朝的「中華帝國」，就是將周邊民族併入，版圖才擴大的。不過，距離皇帝愈遠，中華的色彩就愈薄弱。中國的東南部完全被納入中華的傘翼之下，但遠北的蒙古或西部的西藏、新疆本來是遊牧、畜牧民族，即使納入清朝版圖，仍無法輕易與以農耕文化爲主的中華世界融合。當然，藏傳佛教和伊斯蘭教等由於隔閡較大，這些地區就保留了獨特的傳統文化。

　　例如清朝自認是西藏的宗主國，但西藏只當清朝是他們的庇護者。這樣曖昧不明的國家、民族關係，直至近代西藏人仍無法分得清楚，難怪西藏、蒙古、維吾爾（新疆）等地會發生民族問題。孫文建立中華民國時，主張漢、滿、蒙、回、藏「五族共和」，建設五族平等的新國家。不過孫文本人是漢人，或許認爲其他民族應與漢族同化吧。

　　總之，此時爆發分裂運動不足爲奇，這是因爲少數民族產生了「少數民族」的意識。對於原本就屬於中華帝國成員的壯族、苗族，中國政府原本從未思考過少數民族政策，尤其是與自治權相關的政策。壯族後來取得自治區，是因爲蒙古族及維吾爾族都有自治區，人口最多的少數民族若沒有自治區實在說不過去。

　　而「五族」之中的滿族則沒有自治區。經歷清朝這段歷史，滿族和漢族同化，幾乎不再有什麼區別，或許因此沒必要刻意設

置自治區。順道一提，雖然現在有愈來愈多人自稱為滿族，但那是為了要享受少數民族的優惠政策，至於滿文和固有的薩滿教信仰，都幾乎為人遺忘了。

提及中國的民族主義獨立運動，就非西藏族和維吾爾族莫屬了。目前看來，中國政府都能成功掌控他們。西藏問題，本書第二章已經說明，以下就針對與維吾爾族分離運動有關的上海合作組織（Shanghai Cooperation Organization, SCO）進行討論。

支持維吾爾族獨立的人宣稱，中國政府指責他們為搞分裂而進行的一連串恐怖攻擊，其實是要脫離中國共產黨殖民地式統治而進行的民主運動。過去國際社會曾嚴格審視中國政府侵犯人權的事例，但現在只要宣稱要對抗恐怖活動就不會受到攻訐，對維吾爾獨立人士而言，這場戰事他們居於下風。

此外，中國與俄羅斯以及隨著蘇聯瓦解而誕生的中亞新興國家，組織多國合作機構，目的是要防備民族主義運動以及伊斯蘭激進組織的恐怖攻擊。上海合作組織就是由中國、俄羅斯、哈薩克、吉爾吉斯、塔吉克、烏茲別克六國組成，這個組織協議的範圍很廣，包括國境對策、地域安全保障、貿易及能源政策等，不過它畢竟充滿了對抗民族主義武力抗爭的濃厚「軍事同盟」色彩。

上海合作組織發起於九一一事件發生前三個月，即二〇〇一年六月。其前身為「上海五國」（Shanghai Five），前述六國中那時只有烏茲別克沒有加入，成立時間比上海合作組織早了五年。獨立運動與伊斯蘭激進派掛鉤，對中國、俄羅斯（國內有伊斯蘭反體制派）、新興各國的親俄政權來說，都是嚴重的威脅。早在

九一一事件發生前好幾年，上海五國就已對伊斯蘭基本教義派提出警戒，並提出因應國際恐怖事件的對策。

維吾爾族把新疆維吾爾自治區稱爲「東土耳其斯坦」（Eastern Turkistan。Turkistan 意指「土耳其人的土地」）。維吾爾族獨立運動從清朝時就開始了，二十世紀前半期曾兩度建立東土耳其斯坦共和國，最終仍被中華人民共和國統一。對於信仰伊斯蘭教、使用阿拉伯文的維吾爾人來說，復興伊斯蘭國家東土耳其斯坦是他們的悲願。但共產黨政府鎮壓所有分離主義運動，不管遭遇何種狀況，都不容許其獨立。

上海合作組織表示，新疆維吾爾族自治區內的維吾爾族與居住在中亞周邊國家的維吾爾族之間的連繫，變得困難重重。二○○六年六月，蒙古、印度、巴基斯坦、伊朗這四國也加入上海合作組織，使它成爲歐亞大陸的一大聯盟。對維吾爾族而言，印度和巴基斯坦加入後，即阻斷經由兩國的流亡之路。

流亡的維吾爾族組成的獨立派組織，分布於印度、土耳其、美國等地。這些組織形形色色，包括積極支持武力鬥爭的團體，乃至於人權團體。它們的共同主張，就是指責中國才是侵略東土耳其斯坦的恐怖主義國家。

進入二十一世紀以來，維吾爾族的恐怖活動趨於沉寂。不過在二○○四年九月，數個獨立派組織在美國建立「東土耳其斯坦流亡政府」；此外，二○○五年，其強硬派團體向中國政府宣告將採取武力戰爭。相對於西藏獨立人士幾乎已放棄獨立，轉而走務實路線尋求高度自治，維吾爾問題似乎是前途叵測。

世界最有名的原住民：美國印第安人

　　北美洲曾經有三百多種語言。儘管這只是以語言區分，不過確實有為數如此眾多的美洲原住民（美洲印第安人、愛斯基摩人、阿留申人〔Aleut〕）散居在地大物博的美洲大陸。印第安人雖為美國原住民，目前人數還不到美國人口的一％，這是非洲裔、拉丁裔、亞裔移民大批遷入所造成的。此外，印第安人大約有半數居住在保留區內，甘於過著經濟、文化水準都遠低於全國平均值的生活。

　　「印第安人」這個稱謂，很多時候已改稱為美國原住民（Native American），但這兩者都是白人強迫他們使用的，因此也有很多人不喜歡「美國原住民」這個稱呼。然而由於法律名稱、團體名稱都常使用「印第安人」，本章也延用這個詞。

　　全世界的少數民族中，少有像印第安人這樣聞名的。以印第安人為主題的好萊塢西部片，少說有兩百部。然而不管是殘忍的惡魔或是高貴的野蠻人，銀幕上的印第安形象縱有不同，卻都反映出白人心目中的刻板形象。

　　不過好萊塢影星凱文‧科斯納（Kevin Costner）自導自演的《與狼共舞》（Dances with Wolves）一片，則與過去的西部電影分道揚鑣。這部描寫原住民蘇族生活與文化的電影，獲得一九九〇年度奧斯卡金像獎七個獎項。科斯納得獎致詞時表示：「今後的印第安人電影，拍攝手法不應該再走回頭路了。」姑且不論這部電影產生的影響，近年來印第安人的神秘文化廣泛受到矚目，人

們重新發現印第安人紮根於大地的傳統生活方式與生態思想吻合，因此對他們的印象大幅改觀。不過，形象提升後，是否能促使印第安人重拾自尊與權利，卻沒有這麼單純。

中南美洲的原住民，是遭「單身赴任」中南美洲墾荒的西班牙人殘殺、掠奪、蹂躪，印第安人的悲劇則不一樣。移民到北美洲的白人大多是全家出動，他們想要的是土地。白人和印第安人互不往來，也不馴服、指使他們，只是一昧地搶奪土地。當然，英、法在美洲爭霸時也發生過屠殺事件，但造成印第安人驟減的主要原因，是白人帶入的瘟疫、斑疹傷寒（Typhus）等惡疾。

早期來自英格蘭的殖民者，是與印第安人簽訂支付土地賠償費的契約而取得土地的。此外，美利堅合眾國建國不久後，即宣誓要「經常向印第安人表示最高敬意，未經他們的同意，不得奪取其土地及財產」，表示要保障印第安人的財產、權利與自由。換句話說，印第安人的各部族或部族聯盟被視為政治共同體，土地所有權也受到認可。但這不過是表面工夫。白人違背承諾，反覆進行榨取。印第安人被趕離家園，打著沒有勝算的仗。

尤其在一八三○年制訂〈印第安人移居法〉（Indian Removal Act，這是違背美國尊重印第安人權利政策的第一部重要立法）後，美國軍隊就經常以武力迫使印第安人遷居到邊境地區。一八三八年冬季到隔年之間，切洛基族（Cherokee）從綠意盎然的喬治亞州，被流放到一千公里以外的地方，這段「淚之旅途」（Trail of Tears）的悲劇廣為人知。後來切洛基雖成為所謂的「文明化的五部族」（Five Civilized Tribes，另外四個部族為奇克索

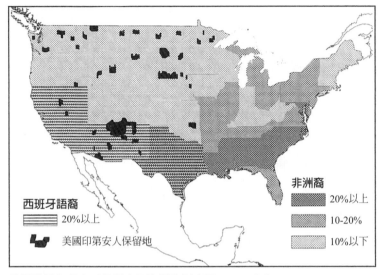

美國的民族分布（各州人口比例資料來源：2003年）

〔Chickasaw〕、喬克托〔Choctaw〕、克里克〔Creek〕以及塞米諾爾〔Seminole〕）之一，不過他們在強制遷移時即已接受基督教信仰，並參考拉丁文字設計出獨特的切洛基文字，積極地接受白人文化。然而希望和白人和平共存的一萬幾千名切洛基人，卻突然被奪走房屋、趕出自己的土地，甚至沒有搭乘馬車，而是徒步前往遙遠的西部。那時因飢寒交迫而病故的人多達數千人。

　　順帶一提，前面提到的凱文・科斯納也有切洛基血統。此外演員強尼・戴普（Johnny Depp）、金・貝辛格（Kim Basinger），歌星貓王（Elvis Presley）、蒂娜・透娜（Tina Turner）、搖滾吉他手吉米・罕醉克斯（Jimi Hendrix）等人也是如此，有不少美國人都混有切洛基血統。

十九世紀後半期，美國政府對印第安人的壓迫日益嚴重。美洲廣闊的大地本來全部屬於印第安人，而白人搶走所有具利用價值的土地，僅僅「保留」一點地區給印第安人。尤有甚者，白人在保留地還以開鑿金礦、開闢道路等各種理由進行剝削。

到了二十世紀，美國對印第安人的政策持續改善。白人以不法手段奪取的土地，經公開調查後顯示，幾乎是美國國土的三分之一。這份報告出爐後，要求歸還土地的訴訟運動開始盛行，有不少訴請歸還土地或支付補償金而獲勝的案例。一九六○年代後，美國都市的印第安人發起一連串恢復原住民權利的激進運動，從保留區移居到都市的新世代印第安人，仿效黑人爭取民權時的「黑人力量」（Black Power，一九六○年代美國黑權運動中黑豹黨〔Black Panther Party〕領袖卡米高〔Stokely Carmichael〕採用的口號），凝聚了「紅人力量」（Red Power）。當然，這個活動並非所有都市的印第安人共同參與，而是具有地域性。不過無論是在保留地或在都市，印第安人全體處於美國社會底層的事實，至今都沒改變。

尤其保留區以高自殺率及酗酒問題而聞名，不過並非所有印第安人都是如此。正如過去幾百個印第安部族各自擁有不同的固有傳統，現在不同保留區的狀況也各有差異。有些印第安人恪守固有傳統並且傳承下來，但也有人幾乎已揚棄傳統文化。有些部族發揮傳統特色而製作獨幟一格的手工藝品，也有些人為迎合觀光客而身披不倫不類的服裝、舉行不太道地的儀式表演。

任何保留區的經濟政策都是嚴重的問題，在此必須特別提出

近年急遽成長的印第安賭場的問題。一九八八年，美國國會通過〈印第安保留區博弈管制法〉（The Indian Gaming Regulatory Act），由於這項經濟對策是針對印第安保留區，因此即使某州州法不容許賭博，但在其保留區設置賭場則是合法的。

於是，保留區中形形色色的賭場如雨後春筍般設立，有些極為豪華，有些非常陽春。保留區不隸屬於各州，所以賭場的獲利可用來提高原住民生活水準。然而，有些賭場的實際業主並非印第安人，而印第安人本身經營的賭場，獲利也未必能讓保留區居民雨露均霑。而原本就沒有保留區的印第安人人數不斷增加，讓人更覺得不公平。

有關全體印第安人的問題，現在變得更多樣化了。跟「療癒」、「生態」等流行風潮結合的印第安精神文化隨便受到讚賞之際，印第安賭場中則有數百台吃角子老虎帶來莫大收益。然而也有些印第安人趕不上這些熱潮，既無法重拾認同感，也無法脫離貧困。

寒帶的愛斯基摩人、伊努伊特人與喀拉里特人

居住在由北極圈的西伯利亞東北部楚克奇半島（Cukotskij）到加拿大北部、格陵蘭島這東西橫亙約一萬公里凍原的極北方民族，過去歐美稱之為愛斯基摩人（Eskimo）。目前的定論是：「愛斯基摩」一詞來自亞拉岡系的印第安語言，意指「吃生肉的人」。因此，愛斯基摩人被視為蔑稱，有一段時間還被「伊努伊特人」

（Inuit）一詞取代，狀況相當混亂。

從格陵蘭島到北阿拉斯加一帶，居住著使用伊努伊特語（Inuktitut）的人，而其中加拿大的原住民，即自稱伊努伊特人。

另外，住在西南阿拉斯加和西伯利亞東端的楚克奇半島的人，則有不同的語言及文化，對他們而言，伊努伊特是蔑稱。北阿拉斯加使用伊努伊特語的人也不喜歡被稱為伊努伊特人，因此居住在西伯利亞和阿拉斯加的原住民自稱愛斯基摩人。在格陵蘭島，愛斯基摩一詞也沒有歧視意味，但格陵蘭島另有喀拉里特人（Kallalit）這個稱謂。

雖然各地域的居民習性不同，但很多愛斯基摩人和伊努伊特人都遵循傳統，家族成員組成狩獵小組，隨季節移動，冬季在海冰上獵取海豹、鯨魚，短暫的夏季則捕魚和獵取北美馴鹿（caribou）、採集植物。在嚴峻的自然環境下，他們的狩獵生活可以維持數千年，這口耳相傳的生活智慧，匯集成獨特的神話和宗教觀。

大約從十六世紀開始，歐洲探險家就和這裡的原住民有了接觸。十九世紀開始，愈來愈多捕鯨船、毛皮商人來到這個地區，不過前往極北地方的歐洲人還是很少。由於歐洲人傳入天花等傳染病，這裡一度人口大減，卻也因此逃過了美洲印第安人曾經歷的悲劇。不過自二十世紀中期開始，各國政府推動政策鼓勵在此地區定居，這裡的謀生方式及習俗等民族傳統即產生大幅變化。

以加拿大和阿拉斯加為例，原住民使用的魚叉已被步槍取代，狗群拉曳的雪橇則換成汽車或雪車。他們原本四處移居，住

在冰砌的圓形雪屋、帳篷裡，現在已改爲定居在有中央空調的房子。村落裡有教會、學校、醫療設施、行政機構以及商業機構，他們毫無選擇地被納入貨幣經濟的體制中。由於實施英語教育，加上近年來衛星傳播普及，日常生活中使用母語的人驟減。除了西伯利亞，原住民都萌生傳承母語的意識，但還是有不少地區導入雙語教育。

二十世紀後半，極北地區盛行開採油田、天然氣，以及建設水力發電網。此地曾被視爲不毛之地而贈予伊努伊特人與愛斯基摩人，現在土地權利問題也浮上檯面。七〇年代以後，各國政府針對土地與資源相關的權利問題，和原住民進行磋商。在阿拉斯加及加拿大部分地區，原住民與政府達成協議，放棄總括性的權利，換取部分的土地所有權、補償金及具有附帶條件的自治權。

此外，加拿大提出將東北部劃爲伊努伊特人自治省的構想。經過漫長的協商，在一九九三年劃分出西北特區（Northwest Territories），其東部區域則被認定爲以伊努伊特人爲主體的紐納武特特區（Nunavut。譯註：加拿大北部的廣大領土，範圍包括加拿大北極區的一大部分）。一九九九年，紐納武特特區誕生，涵蓋面積廣達加拿大國土的五分之一，也出現於加拿大地圖上。在伊努伊特語中，紐納武特意指「我們是大地」；在紐納武特，伊努伊特語發揮著官方語言的功用。

日本加拿大大使館的網站提到，紐納武特特區的設置「顯示加拿大和原住民族之間的關係有所轉變，意義深長。伊努伊特人占紐納武特特區人口的多數，可以堅持自己的文化、傳統與意

願，特區政府也正在成形」。加拿大標榜自己尊重原住民族的價值觀和傳統，爲自己宣傳。

然而由於沒有足夠的補助金，伊努伊特人的自立之途可能遙遠而險阻重重。在貨幣經濟體制中，像過去那樣只靠漁獵的生活已無法維持生計。獵人在業餘雕刻漂流木、海象牙、滑石等的作品，以前雖是賺取外快的方法之一，但現在只有少數藝術家的高品質作品才賣得出去。雖然公家機構、建設、運輸、合作社、觀光業等各行各業都不斷雇用年輕原住民，但他們的所得卻很低。此外，跟世界各地的少數民族一樣，因爲飲食習慣改變、傳統價值觀動搖，以及代溝所引發的社會問題，這裡也有嚴重的肥胖、酗酒、高自殺率等問題。

此外，在丹麥領地格陵蘭島，早在一九七九年就通過〈格陵蘭島自治法〉。此地多數人口是喀拉里特人（伊努伊特人），官方語言則爲格陵蘭島語（幾乎與伊努伊特語相同）和丹麥語，「喀拉里特努納特」（Kalaallit Nunaat，格陵蘭島語）及「格陵蘭」（Grenland，丹麥語），同列爲格陵蘭島的正式名稱。

現在格陵蘭島的傳統生活形態幾乎已經消失，原住民目前大多從事漁業及水產加工業，但仍保有語言、歌唱、舞蹈等精神文化。格陵蘭島原住民不但沒有喪失民族認同感，也能適應現代的政經體制，從這個意義來看，他們可以說是全球少數民族之中的幸運兒。

因雪梨奧運而受矚目的澳洲原住民

　　二〇〇〇年九月，二十世紀最後一屆夏季奧運會在澳洲雪梨
舉行。雪梨奧運期間舉行了許多活動，目標在使澳洲原住民
（Aborigine）與白人和解。這次奧會的圖樣為回力棒，開幕儀式
有二千位原住民參加。奧運期間舉行以原住民藝術為主的藝術
祭，競賽會場也販賣原住民畫作及手工藝品。此外，聖火傳遞的
出發點是澳洲原住民的聖地艾爾斯岩（Ayers Rock，高三三五公
尺，會隨光線而變色），第一棒及最後一棒跑者都是女性原住民
選手。最後一位跑者凱西・費里曼（Cathy Freeman）後來獲得
女子四百公尺金牌，賽後她雙手高舉原住民旗幟與澳洲國旗繞場
一周。

　　澳洲原住民的知名度不低，但在此之前，外國媒體的報導大
多強調他們過著傳統生活、與現代社會脫節。而奧運金牌得主活
躍於運動場，則讓全球人士看到澳洲原住民的「現代人」形象。

　　英語 aborigine 一詞意指「土著、原住民」，但字首大寫時專
指澳洲各民族集團的總稱。澳洲原住民沒有自己民族的稱謂，因
此就接受這個稱呼。目前自動申報為澳洲原住民的人持續增加，
可能是為了獲得社會保障或優惠待遇。據估計，目前澳洲原住民
約有五十萬人。

　　澳洲原住民被殖民者稱為「黑人」，但他們的人種屬於廣義
的蒙古種。有一說指出，澳洲原住民大約在五萬年前到此地狩
獵、採集，直到現在由澳洲大陸中部到北部，還有原住民在零星

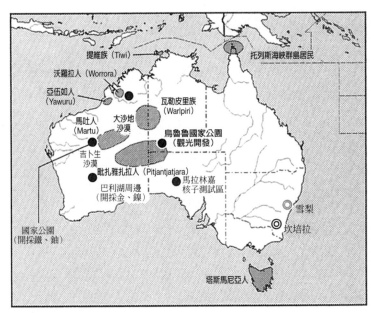

澳洲原住民之居住地區　　　（資料來源：《世界民族問題事典》，平凡社）

的「土著之地」（Aborigine Land）繼續過著傳統生活。但現在他們已不是徒步狩獵，而是乘坐吉普車。他們使用的標槍和回力棒也改成獵槍了。而所謂「土著之地」，是指土著的居住區域，原住民以外的人未經許可不得進入。

　　雖說澳洲原住民傳承了自古以來的生活方式，實際上繼續狩獵、採集的只是全體原住民的極少數。八成以上的澳洲原住民都在都市裡，和白人、亞裔、非洲裔移民雜居。由於早就開始混種，很多原住民無法由外表辨認出來。

　　澳洲原住民很重視宗教生活，他們的生活方式完全遵照神

話——也就是集結了祖先智慧的口傳故事（dreaming story）。他們的傳說始於開天闢地的時代（dream time，又稱爲「夢幻時代」），各種故事都跟大地有關，提到他們獲得大地的恩賜，並學習了守護大地的方法。Dreaming（夢境、夢想）的概念，是澳洲原住民的宇宙觀，可用來說明跟原住民相關的所有定義，但除了原住民母語之外，似乎沒有被翻譯成其他語文。

數萬年間，原住民在整個澳洲大陸繁衍發展，語言和文化都產生分歧，因此白人與其接觸之初，發現有兩百多種原住民語言、七百個民族集團。而用來傳述神話或親族關係故事的原住民語言，大多已經滅亡，但有些原住民住的地方進行雙語教育，而且有地方性的電視廣播節目，因此固有語言毘靖語（pidgin）、克里歐語（creole）也與英語混雜、並存。

對澳洲原住民而言，神話時代和現代並沒有距離。實際上，一百年前他們還過著「文明人」口中的石器時代生活。然而這群「未開化之人」累積的智慧，就自然保育來說極有道理。例如雨季結束時，他們在草原或森林放火，但並不是白人所認爲的在破壞自然，而是爲了保護植物生態。如果沒有放火焚燒樹林，落葉將不斷累積，到了乾旱期稍不注意就可能引發大火；如果草木長得過高，原住民賴以爲生的糧食來源，例如袋鼠等中型動物，生存空間就會變小。

澳洲原住民受到迫害，始於一夕之間。

一七七〇年，庫克船長（James Cook, 1728-1779）登陸原住民擁有的這片大地，此後這裡就變成大英帝國的領地。在此之

前，英國把罪犯流放到北美洲，但美國獨立後，英國就轉而流放罪犯到澳洲，並開始在此殖民。殖民者帶進了傳染疾病，並且虐殺澳洲原住民，把他們當做用過即丟的勞工。雖然不知確實的原住民犧牲人數，但有人認為原本有三十萬人左右的原住民，到了二十世紀初期就已減少高達六萬人。二十世紀時，澳洲政府轉為提倡原住民保護政策，讓原住民在保護區定居，並實施白人同化教育。此外，政府強制執行親子隔離政策，原住民的孩子硬生生地從父母身邊被帶走，寄養在白人家庭或隔離機構中。短跑健將凱西‧費里曼的祖母也是這群「失竊的一代」（Stolen Generation）之一。一九六七年，原住民被認可為澳洲國民，但在白澳政策（White Australia Policy，澳大利亞聯邦反亞洲移民的政策的通稱，起於一九〇一年發布的〈移民限制法案〉〔Commonwealth Immigration Restriction Act〕）之下實施的親子隔離政策，則持續到一九七一年為止。

　　澳洲原住民的文化遭白人文化破壞，親子之情也被斬斷，失去認同感的原住民便沉溺於酒精之中。酗酒、高失業率、平均壽命較短等，都是澳洲原住民面臨的大問題。由於澳洲原住民的體質幾乎完全不含酒精分解酵素，即使喝少量的酒也容易爛醉，因此許多人對原住民有偏見，覺得他們就是一副醉醺醺的模樣。除了酗酒、毒癮，原住民發生自殺、精神病、家暴或犯罪的比率也很高，也有人指責這是親子隔離政策的惡果。

　　傳統被奪走的這群人的悲哀，在美洲印第安人身上也似曾相識。澳洲原住民比較幸運之處，是白人把利用價值低的北部廣大

地區留給他們，讓他們能延續傳統生活。然而，一旦在那裡發現地下資源，政府又會強迫原住民遷移。

澳洲原住民原本就不是定居的民族，但很注重個人或集團的聖地，如果聖地遭到破壞，他們會難以忍受，認為是褻瀆，因此產生很多跟土地開發及土地權有關的紛爭。以觀光聞名的艾爾斯岩是原住民聖地中的聖地，但它所在的烏魯魯國家公園（Uluru National Park）是交由全體原住民與國家共同管理，這個問題才得以解決。不過觀光客任意爬上艾爾斯岩，卻讓原住民感到相當不快。此外地下資源的開採、森林採伐、水壩建設，也一直找不到折衷方案。

在貨幣經濟體制中，全體澳洲原住民還無法自立。不過，近年來原住民藝術受到全球讚賞，他們的音樂、舞蹈及「灌木美食」（以野生動物或野草等澳洲特有食材烹調的料理）都頗受矚目，與觀光產業結合後，愈來愈多原住民因而贏回民族尊嚴。

一九九〇年，澳洲雪梨爭取二〇〇〇年奧運舉辦權時，澳洲政府即承諾將主題訂為「對原住民有貢獻的奧運」。就時間點而言，正契合全球努力推動原住民族相關權利問題的潮流。例如在同一年，「澳洲原住民暨托列斯海峽群島（Torres Strait Islands）島民委原會」（ATSIC）開始運作，這是由聯邦預算中撥款補助、原住民營運管理的組織，主管澳洲原住民及其他原住民族必要的社會政策。托列斯海峽群島島民，是居住在各島上的美拉尼西亞系原住民族，在雪梨奧運的閉幕典禮上率先登上舞台的，就是美拉尼西亞系原住民代表克莉斯汀・亞努（Christine Anu）這位歌

手。奧運的開幕及閉幕典禮，可以說是澳洲向全球展現尊重原住民、多元民族社會形象的絕佳場所。

費里曼獲得的金牌雖然確實能完美象徵民族融和，但對政府而言，這也是個方便之計。澳洲原住民人權團體持續要求政府為過去侵害原住民人權道歉，政府雖然對此表示「遺憾」，但拒絕對原住民進行實質的補償或「謝罪」（譯註：二〇〇八年二月十三日，澳洲總理陸克文〔Kevin Rudd〕終於向原住民謝罪，表示 We say sorry.）。

觀光產業與公平貿易

目前本章都在談論原住民、少數民族遭受的不公平待遇，但是所謂「少數」，另一方面也意味著「稀少、珍貴」。因此也有些人逆向操作，把「少數」與「利益」結合。

首先是觀光產業。二十世紀前半開始，為了迎合西方人喜歡的異國情調，南半球各地開始發展國際觀光產業。在被視為觀光名勝而開發的土地上，旅客是「觀看者」，當地居民成了「被觀看者」。「觀看者」花錢購買當地珍奇物品，部分「被觀看者」也成了「讓人觀看的人」或「販賣者」。不過，具有商品價值的，終究只是一些滿足旅客獵奇心態、但又不會破壞刻板印象的東西。

就這樣，當地原來的傳統習慣產生微妙的變化，朝「傳統藝能」和「傳統工藝」發展，以迎合觀光客。位於密克羅尼西亞群

島的關島（Guam，密克羅尼西亞群島中最大、位於最南端的島嶼），出現了和原住民查莫洛人（Chamorro）毫不相關的「玻里尼西亞舞蹈」（Polynesian Dance）等產物，一些由先進國家投資開發的觀光地區，一般而言有很多與民族傳統差距頗大的假冒品。

當然，也不全然只有假冒品。在峇里島，印尼政府早就推動觀光產業，傳統的皮影戲、人偶、面具演出的戲劇、巴龍舞（Barong Dance）等舞蹈、甘美朗（gamelan，爲印尼爪哇和峇里兩島的民族音樂，其演奏器具爲多種大鑼和幾套用木槌敲打的樂器）等音樂，這些特殊而繽紛多彩的傳統藝能，早在二十世紀前半殖民地時代開始，就吸引歐洲人前來。這些傳統藝術雖然大多是從向印度教神祇獻納的儀式演變而來，但在觀光地區，居民意識到傳統技藝必須兼顧藝術性與普遍性，因而稍做調整，新形態的表演與傳統藝能是共生並存的。

吸引觀光客的峇里印度教傳統文化，對印尼政府而言是賺取外幣的重要資源。在印尼，伊斯蘭教信徒占了壓倒性多數，印度教的「神之島」峇里島卻受到政府特別關照，這是因爲政府把獨特傳統文化視爲商品之故。不過二〇〇二年、二〇〇五年，峇里島發生了恐怖攻擊事件，觀光地區因此蒙受極大的打擊。

在發生恐怖攻擊前，印尼政府早已投注心力制定峇里島以外地區的振興觀光產業政策。例如蘇拉維西島（Sulawesi）的托拿加人（Toraja）過去鮮少與外界接觸，但他們擁有獨特的房屋及葬禮等傳統，這些都成爲政府觀光開發政策的對象，因此儘管托

拿加村落位於交通不便的山區，還是有觀光客前往。因為受到外界矚目，托拿加人開始對自己民族的傳統產生強烈意識；而居住地區變成觀光勝地，則使得他們的傳統活動活化起來。

不只是印尼，世界各地把宗教儀式、傳統技藝、民族服飾、建築物、手工藝品乃至於料理等原住民、少數民族的傳統文化視為觀光資源的「民族觀光」開發熱潮，都在增溫中。介紹中國少數民族的網頁上，列了一張張身穿特殊民族服飾的少數民族照片，彷彿是少數民族的展示場。文化大革命期間遭到否定、鎮壓的多元傳統文化，現在因「觀光資源」這新價值而鹹魚翻身。尤其是和緬甸、寮國、越南為界的雲南省，就有二十多種少數民族，包括彝族、白族、納西族、傣族、苗族、佤族等，他們傳承了獨特的風俗及傳統活動，過去外人投以異樣眼光的民族文化，現在成為政府重視的國家資源，而擬訂觀光振興政策，大力推動。

此外，從極北地區到熱帶地區，有很多觀光計畫結合近年流行的生態旅遊，標榜「學習原住民生活」。其中有些是配合觀光而重新復活的傳統活動，有些是憑空創新、與傳統並不相關的祭典，但這也是提高少數民族認同感的一種做法。

以下再舉兩個例子，這些少數民族活用傳統手工技藝，進而發揚光大，而成功提高民族認同感。

居住在南美厄瓜多安第斯高地的奧塔瓦洛人（Otavalo）配合政府的觀光促進計畫，運用固有的織布技術，不斷開創新的商品。在奧塔瓦洛著名的週末市集上，許多人爭相購買羊毛地毯、坐墊、掛毯錦織或有傳統花紋的毛衣。而販賣的女性身穿鮮艷的

一片長裙等非常容易辨識的民族服飾，但她們並非特地為觀光客做此打扮。奧塔瓦洛人使用克佳語，遵循傳統的生活，雖然販賣自己並不使用、打著奧塔瓦洛名號的商品，但民族自尊與經濟利益卻都到手了。

另一個例子，就是現在全球知名的澳洲土著。早在幾萬年前，澳洲土著就已將神話及各式各樣的訊息畫在岩壁、砂地、樹皮上，後來他們使用壓克力等素材創作點描畫，有不少西方藝廊收購展示。近年來，他們創新更多種類的手工藝品和雜貨，例如手繪蜥蜴、袋鼠或抽象圖形的杯墊、鑰匙圈等，這些產品雖然和他們的傳統生活無關，但即使創作素材或形態改變了，土著的畫作、手工藝品都含有傳統意識，他們絕對不是只把它們當作生財工具，而是一直引以為傲。

前面，我們已從少數民族與觀光產業的觀點討論好幾個例子。現在，隨著網路商店的普及，少數民族的手工藝品在世界各地都能輕易購得，因此可以發揚傳統的少數民族手工藝品與雜貨市場正快速擴大。從美國印第安人的飾品、印度喀什米爾地方的Pashmina 披肩（Pashmina 在波斯文中是「羊毛」之意，此種羊毛取自海拔四千五百公尺以上高原的山羊，藉由梳理羊隻腹部取得，纖維綿密而保暖，甚至比知名的喀什米爾羊毛〔Cashmere〕等級更高）等熱門商品，到新幾內亞島的塞皮克河（Sepik River）流域的原住民面具雕刻、非洲各民族集團的木雕人偶等質樸的傳統作品，網路商店上的手工藝品可謂琳瑯滿目。

很多經營這類商品的組織都訴求公平貿易，這是國際合作的

一環，旨在支持生產者改善生活，它成為近年來非政府組織支援開發中國家——更準確地說，是支援開發中國家「生產者」的一大支柱。

簡單地說，公平貿易就是讓開發中國家的產品不受大型資本介入的流通服務。具體而言，就是組成產地生產者組織、開拓市場、運輸、設計、廣告等工作。支援對象不限於少數民族，而是開發中國家中遭地主及大型資本壓榨的弱勢。不過，由於受大地主壓榨的佃農很多都是當地的少數民族，因此支援社會底層生產者的工作，促使很多少數民族在社會、經濟上達成自立。

公平貿易的產品包括咖啡豆、香蕉等由大型企業掌控市場的農作物，乃至於佃農閒暇時於森林採集的某些辛香料或核果，以及主要由女性手工製作的手工藝品等，種類非常繁多。以民族傳統手工藝品為例，其優點是成本低而附加價值高，不但能提高女性製作者的社會地位，更重要的是還能提升民族自尊，這才是最大的效益。

第5章

民族對立與紛爭

衣索比亞索馬利人的女性

朝鮮民族的歷史背景

　　根據朝鮮半島的史書《三國遺事》（成書年份據推斷在西元
一二八一至一二八七年，是朝鮮半島繼《三國史記》後第二早的
史書，內容包含許多神異的民間傳說），朝鮮民族源自「檀君神
話」。帝釋桓因的兒子桓雄從天上降臨太白山，掌管地面上包含
人類的所有事物。某日，一頭老虎和一頭熊想要變為人類，桓雄
提出條件：牠們若能在沒有陽光的陰暗之地，以艾草、大蒜裹腹
一百日，便能如願。老虎半途而廢，熊則通過考驗變為女人。這
位熊女與桓雄結婚，生下檀君。後來，檀君以平壤為首都，創建
「朝鮮」國。「檀君朝鮮」延續了將近一千五百年。

　　桓雄降臨的「太白山」，位於北韓與中國接壤處，今名白頭
山（即中國的長白山）。朝鮮民族視白頭山為發源地，尊它為「聖
地」，使用「白」一字，是因為朝鮮自古以來尊崇白色的薩滿教
信仰。

　　檀君神話本是民間流傳的信仰，直到一四二九年的李氏朝鮮
第四代世宗大王之後，才成為正式的建國神話。一九六一年，南
韓（大韓民國）始將已達二三三三年的「檀君紀元」與西曆併用。
根據報導，北韓（朝鮮民主主義人民共和國）於一九九三年九月
在平壤附近發現檀君遺骨，國家主席金日成曾到現場視察。然
而，這可能是北韓為了向南韓宣示其優越性、並鞏固金日成權威
而捏造的報導。

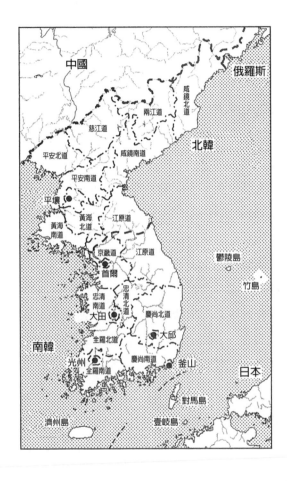

朝鮮半島曾發掘出約五十萬年前的古物，但現代朝鮮人的祖
先新石器人，則出現於西元前四千年。西元前七世紀，朝鮮接受
北方騎馬民族的青銅文化；西元前三世紀接受了中國的鐵器文
化，而發展出朝鮮的古代文化。西元前二世紀時，從燕國流亡至
此的衛滿在這裡建立了「衛子朝鮮」。

北韓與南韓都使用韓文（hangul，朝鮮固有的表音文字，即現今通用的韓文）。Hangul 意爲「偉大的文字」，是世宗大王於西元一四四六年制定的。當時朝鮮並沒有文字可表記自己的語言，而是借用中國漢字表記的「吏讀」。但吏讀對百姓來說非常難懂，於是世宗大王配合韓國固有表記法，制定了「訓民正音」供廣大民眾使用。

韓文有十個母音、十四個子音（制定當時爲十一個母音、十七個子音）。母音表示天、地、人，子音是以齒、唇、舌、喉等發聲器官來發音。但當時朝鮮盛行朱子學，儒學家等將韓文稱爲「諺文」，不屑使用；最初只有一般民眾、女性及兒童才使用韓文。

十七世紀，第一部韓文小說《洪吉童傳》（許筠著）誕生。後來還有《春香傳》、《沈清傳》等作品，韓文對於大眾文學的發展有很大的貢獻。這些故事多半描述民眾反抗政府或貴族的腐敗，因此廣受民眾歡迎。

朝鮮民族？韓民族？

儘管目前南、北韓分裂，但朝鮮半島的居民本爲同一個民族。南、北韓人民現在仍強烈意識到對方跟自己是同一個民族。一九九六年亞特蘭大奧運的桌球賽中，南、北韓合組一個隊伍；二○○四年雅典奧運，南、北韓也聯合入場，朝鮮半島的人民也支持統一。

朝鮮的單一民族認同是從何而來的呢？以日本爲例，單一民

族的特質之一是「島國」，而朝鮮半島在地理上為「半島」，這對形成其民族文化有很大的影響。朝鮮史上不斷有外敵入侵，抵抗外敵一事，大大地影響了他們的民族認同感。

日本殖民時期，日本學者曾發表下列幾種史觀：

（一）停滯論：認為朝鮮由於履遭外敵侵略，推崇文官的朝鮮李朝（李成桂於一三九二年建立）文化尚未達到日本平安時代（七九四至一一八五年）的水準；

（二）他律性史觀：認為朝鮮因遭受侵略而不斷受到外國影響，沒有能力創造自己的歷史；

（三）滿鮮一體論：認為朝鮮文化只是大陸文化的餘波；

（四）日鮮同祖論：這派人士甚至主張日本人和朝鮮人擁有共同的祖先，朝鮮半島自古以來就由日本管轄。

現在，上述主張被批評為日本學者的「殖民地史觀」。然而自古以來朝鮮經常遭中國歷代王朝侵略，近代則遭到西歐或日本侵略，長期抵抗外敵。從這個史實來看，對抗各國，或許是促使朝鮮團結為一個民族的原動力。

此外，朝鮮民族具有「恨」這種獨特的意識。《認識朝鮮事典》（日本平凡社出版）對於「恨」說明如下：

在朝鮮語中，「恨」是指無法發洩、隱忍在心而化為不滿的情緒狀態。怨恨、怒恨、痛恨、悔恨等詞，都有此種意味。朝鮮

人的日常語言也含有深沉的悲傷。社會上壓抑挫折感，如此閉鎖而沉澱的情緒，造成恨的累積。歷史上朝鮮長期受難，民生凋敝，在民眾心底深處積壓的恨意，自然而然地成爲左右他們行動的要因，進而產生抵抗意識。韓國從殖民地時代起到解放後，屢遭「外勢」與「獨裁」統治，使恨意強化爲「民族的恨」。

　　既是懷著相同「恨意」的一個民族，爲什麼朝鮮半島有「朝鮮」及「韓」兩種稱謂？自古以來，朝鮮半島的國號就是「朝鮮」、「韓」兩者通用，但它們的意義並不相同。在現代日語中，有人認爲「朝鮮」、「朝鮮人」是歧視的用法，這是從日本殖民時期到戰後貧困時期遺留下來的觀念，因爲當時朝鮮人比日本人貧窮，從事一般人不想做的工作，普遍受到歧視。

　　提到「朝鮮」，讓人聯想到西元一三九二年李成桂推翻高麗而建立「李氏朝鮮」（即前文說的「李朝」）。然而「朝鮮」一詞在紀元前即已出現，如檀君建國的「檀君朝鮮」，以及後來的「箕子朝鮮」、「衛氏朝鮮」。中國的《史記》也有記載。

　　朝鮮的地理誌《東國輿地勝覽》（一四八一年）中記載，「朝鮮」一詞是由「朝日鮮明之地」而來，這也表示朝鮮原始信仰爲「太陽信仰」。根據李朝時代朱子學者李瀷的解釋，「朝」爲東方、「鮮」爲鮮卑族之意。

　　至於「韓」的由來，在紀元前有「馬韓」、「弁韓」、「辰韓」三部族，三者合稱爲「三韓」，但「三韓」也可用來代表朝鮮半島整體。一八九七年，高宗將國號訂爲「大韓帝國」。一九一九年，

李承晚等人在國外建立了流亡政府「大韓民國臨時政府」，也使用「韓」字。現在的國號「大韓民國」也有此字。

附帶一提，朝鮮的英文 Korea，是從十世紀「高麗」的朝鮮語發音「Koryo」而來。此外，朝鮮還有「青丘」、「雞林」等別名，又因境內生長國花木槿而稱為「槿域」，亦因為朝鮮半島南北全長三千里（一朝鮮里約為四百公尺）而稱「三千里」，此外還有「海東」、「大東」、「東國」等名稱。

南、北朝鮮問題

一九九四年，北朝鮮的核武疑雲造成南、北關係緊張，當時北韓高官代表曾經放話：「南、北韓一旦發生戰爭，首爾將成一片火海。」不僅韓國人民，全世界都為此話大感震驚。一九九八年八月，北韓發射大浦洞（Taepo Dong）長程導彈；二〇〇六年七月則連續發射飛彈。儘管南、北韓人民是同一民族，但深感北韓威脅的南韓人民大有人在。

目前因韓戰而離散的家庭成員，約有一千萬人。兩韓停戰（一九五三年七月二十七日，韓戰停火正式生效，此戰事共歷時三年一個月又兩天）至今已過五十年，離散家庭的成員也已屆高齡。南韓「現代集團」已故總裁鄭周永曾捐贈牛肉給鬧飢荒的北韓，並投資開發北韓金剛山觀光事業，正因北韓是他的故鄉，而他的親屬也住在那裡。朝鮮人的故鄉意識非常強烈。

韓國人初次見面一定會互問：「故鄉在哪裡？」對朝鮮民族

而言，「故鄉」不僅是自己出生地，也是同姓親屬的聚居之地與祖墳所在，更是祖先發源的「本籍」地。親屬的親疏，在日本是以「親等」區分，在朝鮮則以「寸」來計算，例如叔父爲「三寸」親，堂兄弟爲「四寸」，現在很多韓國人認爲不超過十寸、十二寸都可視爲近親。

二〇〇〇年舉行的南、北韓首腦會談，決定讓因韓戰而離散的家庭重聚，後來舉行了十四次聚會，每次各有八百至一千七百人左右的離散家族成員重逢。不過，二〇〇六年七月十九日，北韓紅十字會對南韓紅十字會宣布中止這項離散家族團聚計畫。這是因爲在同年七月北韓發射發彈後，南韓就凍結對北韓的稻米、肥料援助，北韓對此反彈。北韓中止離散家族的團聚計畫，可說對南韓造成不小的打擊。

朝鮮民族既然擁有強烈的民族認同，而且重視血親的團結，爲什麼會發生自相殘殺的浴血戰？

一九五〇年六月二十五日，北韓部隊跨越第二次世界大戰後由美、蘇協定的北緯三十八度線，韓戰爆發。一九五三年七月二十七日，南、北韓簽署停戰協議。但此時朝鮮半島已因這場北從鴨綠江、南到洛東江的全面戰爭，國土荒廢、產業崩潰，南、北韓合計死亡人數達一百二十六萬人。韓戰之前，朝鮮半島上從未發生過民族衝突，南、北韓分裂是冷戰下美、蘇對立的人爲結果。

南、北韓的分裂歷經三個階段：第一，一九四五年日本戰敗，美、蘇分別佔據朝鮮半島；第二，一九四八年八月十五日大韓民國成立，同年九月九日朝鮮民主主義人民共和國成立；第三，韓

戰爆發。

　　根據韓戰的停戰協定，朝鮮半島以北緯三十八度線劃分為二。此後，南、北韓成為政治體制不同的兩個國家。後來兩韓曾嘗試統一，舉行南北經濟會談、南北紅十字會談等。二○○○年，北韓領導人金正日與南韓總統金大中在平壤會面、舉行南北首腦會談，發表了〈南北共同宣言〉，但至今仍看不到統一的到來。

　　南、北韓會在何時、以何種形式統一呢？南韓和北韓應該維持現今的聯邦制（北韓提出，主張兩個制度、兩個政府、一個國家）、還是採用邦聯制（南韓提出，主張一個民族、兩個制度、兩個獨立政府）？抑或者解散北韓，由南韓接收？美國、俄羅斯、日本、中國以及當事者南、北韓，都本著自己的利益及考量，來討論南、北韓統一的方法及時程。

南韓人對北韓的印象

　　即使是同一個民族，現在南韓人對北韓的印象似乎變差了。二○○六年六月到七月，日本《讀賣新聞》與南韓的《韓國日報》聯合舉行「日韓共同民意調查」（刊登於《讀賣新聞》，二○○六年八月七日），其中有六十八％的南韓人對北韓「印象惡劣」，「印象良好」者占三十一％。與過去的調查相較，「印象惡劣」的比率增加，「印象良好」者則減少了。至於日本人，高達九十八％對北韓「印象惡劣」，「印象良好」者則為○・四％。這似乎是受北韓綁架日本人事件及核子飛彈問題影響。

至於北韓開發核武問題，認爲「感到威脅」的南韓人占五十九％，「不覺得有威脅」者爲四十％。「感到威脅」的南韓人中，有六十六％重視南、北韓展開「對話」，迫使北韓放棄開發核武；而認爲應對北韓施加「壓力」者占二十％。相對於此，八十七％的日本人「感到威脅」，「不覺得有威脅」者占十二％；二十四％的日本人重視與北韓進行「對話」，而認爲應對北韓施加「壓力」者達五十七％。

此外，南韓人認爲「形成軍事威脅的國家或地區」的第一名是「北韓」（五十九％），第二名則爲「日本」（五十五％），日本只差北韓四個百分點。

南韓人對日本的印象

那麼，南韓人又如何看待日本呢？若問南韓人：「你認爲日本還會再進行侵略嗎？」大多數都回答：「會。」儘管日本人自認「絕不會再那樣做」，但南韓人對日本的疑慮並未消失。

這點也可以從數字上看出來。

前述的「日韓共同民意調查」中，針對「是否害怕日本成爲軍事大國」這個問題，七十一％的日本人認爲日本不會成爲軍事大國，但還是有四十一％的南韓人表示「害怕」，並認爲「日本已經是軍事大國」（二十％），這比率比二○○一年進行的同樣調查增加了十三％。

二○○一年四月，日本小泉純一郎內閣開始執政，此後五年

間產生種種問題，例如歷史教科書問題、首相參拜靖國神社問題（靖國神社位於東京，供奉明治維新以來爲日本帝國戰死的軍人及軍屬，其中大多是於中日戰爭及太平洋戰爭中陣亡的，包括東條英機等十四名甲級戰犯，因此此地頗具爭議性，被視爲日本軍國主義的象徵）、竹島（日本海上的火山島，日本納入「島根縣」，韓國稱「獨島」）所有權問題及日、韓關係問題，現在仍未解決。因此民意調查中認爲「日、韓關係很差」的日本人占五十九％，南韓人則有八十七％。此外，不信賴南韓的日本人占％五十一，而認爲「日本不可信賴」的韓國人則高達八十九％。不過，或許有些南韓人言不由衷。針對這項民意調查結果，日本國際交流基金理事長小倉和夫曾表示：

「日、韓兩國的關係微妙，因此，在韓國，儘管不會對『喜歡日本』、『日本值得信賴』這樣的答案進行公開的社會制裁，但南韓人回答時仍會自然而然地自我克制。我們必須將這種背景列入考慮。」

在日本的南、北韓人的認同感

目前居住在日本的南、北韓人約有六十萬人。在日南、北韓人大多數是殖民時代來到日本的，當時他們從事煤礦、礦山、工程勞動等工作，大多過著非常貧困的生活。一九二三年關東大地震時，曾發生日本人在水井下毒企圖屠殺韓國人的事件，造成許多無辜的犧牲者。一九九八年，北韓發射大浦洞彈道飛彈。二○

○二年日本首相小泉純一郎訪問北韓時，北韓政府承認綁架日本人（金正日正式承認他們綁架了奧土祐木子等十三名日本人，其中八人已死亡、五名倖存。此談話在電視上播出）。之後北韓有些女學生故意剪掉傳統韓式制服的裙子以表達抗議，類似的事件多次發生。

第二次世界大戰日本戰敗，朝鮮半島光復後，在日南、北韓人的日本國籍遭取消，他們在日本便是外國人。一九九一年，日本承認這些人的「特別永久居留」權，翌年日本雖廢除永久居留者及特別永久居留者在登錄外國人身份時「按捺指紋」的手續，卻不給南、北韓人參政權。贊成給予他們參政權的人認為，持有永久居留權的外國人和日本國民一樣納稅，應享有參政權；反對者則指出，日本憲法第十五條明訂參政權為「國民固有權利」，而外籍人士並沒有國家歸屬感，因此不該給他們參政權。雙方針鋒相對。

第一、二代「在日韓人」雖在韓國出生，但第三、四代生於日本，非常多韓國人只懂日語、過著日本式的生活。近來，在日韓人第三、四代為了尋找自我的認同，不少人回韓國尋根。

一九八八年獲得日本芥川賞（日本除了「直木賞」以外的另一大文學獎項，直木賞頒給大眾文學作品，芥川賞則頒給純文學作品）的文學作品《由熙》（李良枝著），描寫一位到韓國留學的在日韓人深感韓國與日本文化的差異，並在探尋身為韓國人的自我認同的過程中迷惘不已。一九九○年代以後，柳美里與金城一紀（兩者皆為在日韓人，前者為韓國籍，後者為日本籍）等年輕

作家躍上日本文壇，獲得許多讀者支持；年輕世代的在日韓人，不是都只苦於探索身為韓國人的認同感，也有許多人不受國籍之限，以「國際人」之姿活躍於世界。

一九七○年代後，獲得特別永久居留權的在日南、北韓人日益增加，但其中也有許多人無法流利使用日語。另外，一九九五年至二○○六年間，擁有南韓籍、北韓籍的在日韓人，每年約有一萬人歸化為日本籍。

韓國人將在日韓人蔑稱為「半個choppali」（choppali為韓文發音，意思是「分為兩半的豬蹄」）。這是因為在殖民時代，日本人穿著日式布襪和木屐，腳趾好像豬蹄般分為兩半，所以那時韓國人暗地裡稱日本人為「choppali」，現在則意指在韓日人是一半韓國人、一半日本人。但在這蔑稱的背後，似乎隱含韓國人羨慕在日韓人在日本奮鬥成功、比自己富裕的情緒。

南斯拉夫完全解體

二○○六年六月三日，蒙第內哥羅共和國宣布獨立。蒙第內哥羅脫離了塞爾維亞─蒙第內哥羅（前南斯拉夫聯邦共和國），因「南斯拉夫」之名而分分合合的混亂狀態終於暫時告一段落。

南斯拉夫（Yugoslavia）意指「南斯拉夫人之國」，其前身是一九一八年創立的「塞爾維亞人─克羅埃西亞人─斯洛維尼亞人王國」，後來在一九二九年改稱為南斯拉夫王國。從早期國名看來，這地區聚集了許多歷史、語言、宗教皆相異的民族，但表面

上卻合稱爲「南斯拉夫人」。這個地區的歷史背景其實極爲錯綜複雜。

六、七世紀時，南斯拉夫人定居巴爾幹半島，各個民族集團的認同感主要是根據宗教而確立的。前南斯拉夫的北部、西部（斯洛維尼亞、克羅埃西亞）信仰天主教，這些地區以南信仰希臘正教，而中部地區（波士尼亞—黑塞哥維納〔Bosnia-Herzegovina〕）自十四世紀中期後受鄂圖曼土耳其帝國統治，因此受伊斯蘭教的影響很深，不少民眾改信伊斯蘭教。

一九一四年，統治波士尼亞的奧地利皇太子斐迪南大公夫婦訪問波士尼亞中心塞拉耶佛時，遭到暗殺，這起事件成爲第一次世界大戰的導火線。情勢不穩定的巴爾幹半島是列強覬覦的目標，成了歐洲的火藥庫。此時鄂圖曼帝國早已沒落，而在十九世紀即已脫離鄂圖曼帝國獨立的塞爾維亞王國與蒙第內哥羅王國，再加上因第一次世界大戰而解體的奧匈帝國（即哈布斯堡王朝〔Hapsburg〕，歐洲最古老的王室家族，其成員從一二七三年到一九一八年擔任過神聖羅馬帝國、西班牙、奧地利、奧匈帝國的皇帝或國王）分裂出來的克羅埃西亞、斯洛維尼亞、波士尼亞—黑塞哥維納等五個國家及地域，組成了前述的「塞爾維亞人—克羅埃西亞人—斯洛維尼亞人王國」。

哈布斯堡王朝與鄂圖曼帝國這兩個龐大的多民族國家瓦解後，分裂的「南斯拉夫人」理當可以統合才對，不過此地民眾卻無法認同自己是「南斯拉夫」人。尤其當最大民族塞爾維亞人推動以塞爾維亞王國爲首實施中央集權，第二多數的克羅埃西亞人

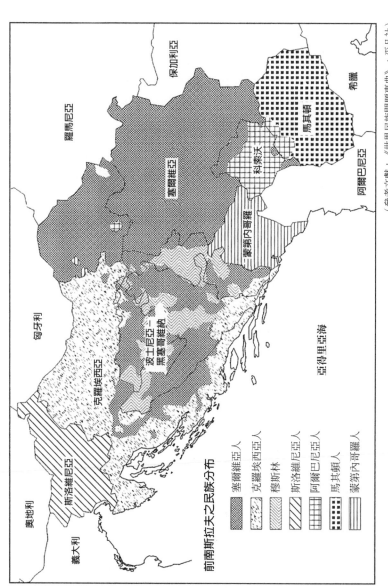

前南斯拉夫之民族分布

圖例：
- 塞爾維亞人
- 克羅埃西亞人
- 穆斯林
- 斯洛維尼亞人
- 阿爾巴尼亞人
- 馬其頓人
- 蒙第內哥羅人

奧地利

義大利

斯洛維尼亞

克羅埃西亞

匈牙利

波士尼亞—
黑塞哥維納

亞得里亞海

羅馬尼亞

保加利亞

塞爾維亞

科索沃

蒙第內哥羅

馬其頓

希臘

阿爾巴尼亞

立即強烈反彈；打從一開始，此地就蘊藏著嚴重的對立。

　　德國利用南斯拉夫民族間的對立，成功達成了分化。一九四一年，納粹德國、義大利等軸心國開始進攻南斯拉夫，南斯拉夫王國遭多國割據。重新獨立的克羅埃西亞成為納粹德國的傀儡，克羅埃西亞國內的塞爾維亞人遭到大規模屠殺。因此，塞爾維亞人的民族主義組織也對克羅埃西亞人進行報復。然而在此民族對立之際，持續組織地下活動的南斯拉夫共產黨書記長狄托（Tito，原名 Josip Bros, 1892-1980）則頑強地率領對抗德國的「游擊隊員」（the Partisans）抗爭活動，未獲蘇聯援助即收復了南斯拉夫國土。

　　一九四六年，新生的南斯拉夫在狄托的領導下，公布了南斯拉夫聯邦人民共和國憲法。狄托認為，南斯拉夫聯邦人民共和國並非由「南斯拉夫人」這個虛構的單一民族組成，而是個多民族國家，因此必須本著民族平等的大原則，承認共和國各個民族的自決權，讓國家復甦重生。

　　一言以蔽之，多元的南斯拉夫聯邦共和國是「七條國境、六個共和國、五種民族、四種語言、三個宗教、兩種文字組成的一個國家」。七條國境是指與義大利、奧地利、匈牙利、羅馬尼亞、保加利亞、希臘、阿爾巴尼亞為鄰。六個共和國包括斯洛維尼亞、克羅埃西亞、塞爾維亞、波士尼亞─黑塞哥維納、蒙第內哥羅、馬其頓。五種民族則為斯洛維尼亞人、克羅埃西亞人、塞爾維亞人、馬其頓人、蒙第內哥羅人。四種語言乃指斯洛維尼亞語、塞爾維亞─克羅埃西亞語、波士尼亞語、馬其頓語。三種宗教是東正教、天主教及伊斯蘭教。兩種文字則是拉丁文及西里爾

文。

　由此即可以想見要統治這個國家有多麼困難，然而實際狀況卻更加複雜。

　以民族為例，人口最多的依序是塞爾維亞人、克羅埃西亞人及穆斯林。現在穆斯林被視為一個民族，他們是在鄂圖曼帝國統治時改信伊斯蘭教的塞爾維亞人及克羅埃西亞人的後裔，由於宗教屬性不同，在一九六○年代被承認是獨立的民族。而阿爾巴尼亞人雖然不包括在前述五種民族中，但在塞爾維亞共和國所屬科索沃（Kosovo）自治省中，有九成人口是阿爾巴尼亞人。塞爾維亞的另一自治省弗依弗丁納（Vojvodina），則是匈牙利人聚集之地。此外還有土耳其人、保加利亞人、羅馬尼亞人、羅馬尼人等少數民族。

　大戰期間慘遭屠殺的記憶猶在，很難讓南斯拉夫聯邦恢復穩定，但在狄托總統的領導魅力與驚人手腕下，卻辦到了。狄托的治國原則是「不與美、蘇結盟」、「勞工自主管理制度」，並且確保「超越民族、團結一致」。不過狄托獨特而和緩的社會主義政策，造成各地區經濟差距加劇，因此他晚年時，南斯拉夫即發生經濟危機，和東歐鄰國一樣，最後南斯拉夫的經濟也停滯不前。一九八○年狄托逝世，先前壓抑的民族情緒於是一舉決堤而出。

　一九九○年的自由選舉結束後，各共和國的共產主義政權被民族意識濃厚的政權取代。塞爾維亞由米羅塞維奇（Slobodan Milosevic, 1941-2006）取得政權，強調「大塞爾維亞主義」，塞爾維亞成為名副其實的南斯拉夫聯邦中心。

　　一九九一年，斯洛維尼亞爆發戰爭，揭開一連串激烈紛爭的序幕。斯洛維尼亞是南斯拉夫聯邦中的先進國家，希望切斷與其他經濟發展落後各國的關係，在發表獨立宣言後，即與南斯拉夫聯邦軍隊（實際上為塞爾維亞軍）交戰十天，最後終於獨立。

　　另一方面，同時和斯洛維尼亞表示獨立意願的克羅埃西亞，則遭遇重重困難。前文提及克羅埃西亞和塞爾維亞曾有嚴重衝突，雙方都有許多人犧牲。一九九一年，實際上由塞爾維亞人組成的南斯拉夫聯邦軍隊，以保護克羅埃西亞境內的塞爾維亞人為由，發動攻擊。此後四年間，許多民眾在這次紛爭中喪生或淪為難民。

　　一九九二年到一九九五年的波士尼亞戰爭，則更為悲慘。占人口四成的穆斯林與人口比例僅兩成的克羅埃西亞人（信仰天主教）都決定獨立，但是占人口三成的塞爾維亞人（信仰塞爾維亞正教）堅持反對，因而爆發內戰。後來三方發生混戰：聯邦軍、從鄰國介入的克羅埃西亞軍，再加上來自中東的穆斯林志願軍，彼此以「種族清洗」（ethnic cleansing）為由，反覆進行屠殺或集體強暴等暴行。

　　「種族清洗」一詞，令人聯想到納粹德國對猶太人進行的種族大屠殺。然而波士尼亞的穆斯林、克羅埃西亞人與塞爾維亞人基本上是同源的民族，現在的語言雖然分為波士尼亞語、克羅埃西亞語、塞爾維亞語，但它們非常接近，彼此對話也溝通無礙。在內戰爆發前，各民族都可通婚。儘管並非所有波士尼亞—黑塞哥維納的民眾都想將其他民族趕盡殺絕，但很不幸的，這裡卻淪

為塞爾維亞與克羅埃西亞民族主義者廝殺的戰場。

一九九五年，在聯合國的調停之下，此地簽署了和平協定。這個地區成為聯合國家重新出發，包括穆斯林與克羅埃西亞人為中心的「波士尼亞—黑塞哥維納聯邦」，以及塞爾維亞人為主的「塞族共和國」（Republika Srpska）。Srpska 意指「塞爾維亞人的」，Republika Srpska 在英語中也譯為「Serb Republic」（塞爾維亞人的共和國），但為了避免和「塞爾維亞共和國」混淆，因此一般記為 Republika Srpska。這場歷經三年半的內戰，造成二十萬人喪生、兩百萬人淪為難民。根據一九九一年內戰前所做的人口調查，南斯拉夫聯邦總人口為四百三十八萬人。這是第二次世界大戰後，歐洲所發生最慘烈的戰爭。

然而內戰並未結束。

在塞爾維亞共和國的科索沃自治省，信仰伊斯蘭教的阿爾巴尼亞人是最大的民族。科索沃為了爭取獨立而發動戰爭，以美國為中心的北大西洋公約組織軍隊於是對其發動空襲，南斯拉夫聯邦軍隊也大舉屠殺阿爾巴尼亞人。一九九九年，科索沃戰爭結束，米羅塞維奇總統因此失勢。科索沃雖然落後而貧困，但在中世紀時期，卻是塞爾維亞王國與塞爾維亞正教的中心。一三八九年，塞爾維亞王國在「科索沃之役」敗給鄂圖曼土耳其帝國，於是改信伊斯蘭教的阿爾巴尼亞人開始移居科索沃。由於這層歷史背景，塞爾維亞民族主義者絕對不願承認科索沃這個阿爾巴尼亞人國家獨立。目前科索沃暫時由聯合國託管。

科索沃戰爭也波及鄰國馬其頓。馬其頓於一九九一年宣布獨

立，並且平和地建國。馬其頓的人口中，有三成阿爾巴尼亞人一直對無法與馬其頓人平起平坐而心生不滿，而隨著科索沃的阿爾巴尼亞難民大量湧入馬其頓，馬其頓的阿爾巴尼亞人民族意識高漲；二〇〇一年，阿爾巴尼亞人的武裝勢力與馬其頓政府軍爆發衝突。所幸這場內戰並未擴大，此後，馬其頓即努力朝多民族國家發展。

南斯拉夫聯邦共和國的各個共和國相繼宣布獨立，到了一九九二年，其成員只剩塞爾維亞共和國與蒙第內哥羅共和國，南斯拉夫聯邦共和國於是在二〇〇三年將國名變更為塞爾維亞—蒙第內哥羅。及至二〇〇六年，蒙第內哥羅獨立，南斯拉夫聯邦共和國完全解體。然而民族主義並未從此銷聲匿跡。二〇〇六年三月，因屠殺及戰亂罪名而囚禁於聯合國國際法庭（位於荷蘭海牙〔Den Haag〕）的前總統米羅塞維奇死亡時，不少塞爾維亞人悲慟不已。

這個地區，何時才不再被稱為「火藥庫」呢？

山岳民族車臣的抗爭

高加索（Caucasus）地區被裏海、黑海東西包夾，北接俄羅斯，南鄰伊朗、土耳其。高加索地區的面積略大於日本，卻住著語言、宗教相異的五十多種民族。過去，這個地區不曾有統一的國家，卻是彼得大帝（Alekseevich Pyotr, 1672-1725）建立的俄羅斯帝國以及鄂圖曼帝國、伊朗各王朝覬覦之地，因此各國在此

持續對峙。

　　在橫跨黑海與裏海的大高加索山脈南部有三個國家，包括從
蘇聯獨立的喬治亞共和國、亞美尼亞、亞塞拜然。而大高加索山
脈北部，則有與俄國長期對抗的車臣、達吉斯坦、印古什、北奧
塞梯。高加索地區一共有七個共和國。

　　車臣的紛爭看來很單純，即謀求獨立的勢力與不允許獨立的
俄國之間的衝突。但高加索地區民眾之所以憎恨俄羅斯人，必須
追溯到十八世紀。以下將介紹高加索的歷史，以分析車臣人堅決
抗俄的背景。

　　從俄羅斯的外交史來看，十八世紀後半葉的女皇凱薩琳大帝
（Ekaterina, 1729-1796。譯註：於一七六二年推翻其夫彼得三世

而即位）主張的「卓越的外交手腕、輝煌的成果」，是俄羅斯帝國常見的外交政策。凱薩琳大帝期許自己作為「開明君主」，她的統治確實為俄羅斯歷史開啟了新頁。至於版圖擴張，凱薩琳大帝趁著普魯士（Prussia。譯註：一七○一年起成為王國，一八七一年以之為中心建立德意志帝國）與奧地利衝突之際奪占波蘭，並兩度與土耳其開戰而獲取克里米亞（Crimea），進一步延續了自彼得大帝以來的擴張主義。

　　不過，凱薩琳大帝的企圖比彼得大帝更加雄大。她的野心包括把占領黑海沿岸的土耳其逐出歐洲，以及「希臘計畫」──讓拜占庭帝國在巴爾幹半島和希臘復興。俄羅斯為了進攻君士坦丁堡（Constantinople，東羅馬帝國、鄂圖曼帝國的首都）而從黑海前進高加索，在這過程中，有許多小民族遭到蹂躪。凱薩琳大帝口中「輝煌」的外交政策，另一方面卻引發了許多隱藏於歷史舞台背後的悲劇。

　　此時，一位車臣人挺身而出，反抗俄羅斯。

　　伊斯蘭教神秘主義教派領導者曼蘇爾（Sheikh Mansour）整合對抗俄羅斯及哥薩克人（Cossack）的當地農民，宣告對俄羅斯進行「聖戰」（一七八五至一七九一年）。這次反抗運動稱為「曼蘇爾長老的反動」，不但對俄羅斯造成衝擊，伊斯蘭教也因此滲透進北高加索山地的各個民族，至今仍具有很大的影響力。

　　自凱薩琳大帝以來，俄羅斯帝國的地位明顯地高於鄂圖曼土耳其，俄羅斯也開始蠶食沒落中的鄂圖曼帝國。自從（一八一二年）希臘藉獨立戰爭脫離土耳其起，俄羅斯幾度對土耳其發動戰

事，為此，它首先必須壓制土耳其北方的高加索地區。此時在位的俄皇尼古拉一世（Nicholas I, 1825-1855），開始正式鎮壓高加索地區。

對尼古拉一世來說，以車臣人為首的北高加索各民族，是阻礙俄羅斯南進的一大障礙。自十九世紀初開始，俄羅斯逐一併吞大高加索山脈南部各地區，但在北高加索，尤其是山區民族，因為與俄羅斯及南高加索隔絕而持續抵抗。車臣人因為和俄軍數度奮戰，逐漸撤至山區，人口也減少。與其說尼古拉一世想征服車臣人，倒不如說是希望殲滅他們。若說好聽點，車臣人很勇猛；說得不好聽，則是野蠻。總之，車臣人絕對不會黯然投降。

在車臣東部的達吉斯坦，伊斯蘭教神秘主義教派倡導對俄羅斯人進行聖戰，因此展開反抗運動與宗教運動，車臣人後來也響應他們。而到了運動的第三代領袖夏米爾（Shamyl, 1797-1871）時代，便在達吉斯坦北部與車臣山岳地區建立伊斯蘭教國家。

夏米爾發起的武裝反抗運動，持續到一八五九年投降為止。俄羅斯對北高加索的正式鎮壓長達四十餘年，也難怪車臣人與達吉斯坦各民族會和誇口有數十萬大軍的俄羅斯持續激戰。也因此，北高加索遭俄羅斯併吞後，穆斯林仍不時叛亂。

上述的山岳民族戰爭，與高加索西北部阿迪耶人（Adygey）的反抗運動合稱為「高加索戰爭」。因為高加索戰爭，北高加索各民族心中形成了難以抹滅的反俄情緒。直到如今，「夏米爾」這名號仍被視為山區民族的獨立象徵。

即使到了俄國改革時代和其後的蘇聯時代，車臣人仍受蘇維

埃政權操控。車臣與印古什等各民族曾聯合起來，俄羅斯也一度承認它們為「山岳共和國」，但一年後旋即解體。此後，經過一番波折而成立「車臣─印古什共和國」。然而蘇聯以他們曾於第二次世界大戰期間協助納粹黨為藉口，強迫車臣人及印古什人集體遷移到中亞或西伯利亞。一九五七年，蘇聯雖然恢復車臣人等的名譽，也讓他們回歸故土，但這起事件卻是車臣人的心頭大恨。

　　一九九一年，車臣─印古什共和國舉行總統大選，車臣人杜達耶夫（Dzhakhar Dudaev）當選，爾後發表獨立宣言，與印古什分裂。俄國不承認車臣獨立，並於一九九四年出兵攻打車臣首都格羅茲尼（Grozny）。這次內戰造成數萬名車臣人喪生，俄國軍力也損傷慘重。一九九六年，雙方達成和平協議。這次戰事稱為第一次車臣戰爭。

　　這次戰爭結束後，車臣民生凋敝，提倡伊斯蘭教復興的遜尼派分支瓦哈比教派（Wahhabi，興起於十八世紀）的影響力俱增，並且培育武裝組織以求建立伊斯蘭國家。一九九六年，車臣領導人杜達耶夫遭俄國軍隊暗殺，馬斯哈多夫（Aslan Aliyevich Maskhadov, 1951-2005）取而代之成為實質領導人。馬斯哈多夫雖是溫和的反對派，但他無法掌控的強硬獨立派武裝勢力於一九九九年突然侵略鄰國達吉斯坦。同時，莫斯科發生一起公寓爆炸事件，造成三百多人死亡，俄國當局斷定是車臣人所為。於是俄軍再度攻擊車臣首都格羅茲尼，第二次車臣戰爭爆發。

　　這次戰事與前一次有幾處不同。首先，標榜「強勢俄國」的

普丁（Vladimir Putin）政府拒絕與車臣獨立派對話，採取徹底的鎮壓。二〇〇五年，馬斯哈多夫有意尋求和平解決之道、以救平武力衝突，但普丁才剛拒絕和談，馬斯哈多夫就遭到暗殺。後來不但這起事件的相關報導遭到封鎖，非政府組織等公益團體的活動也受到限制，因此外界很難得知車臣的實況。不過有證言指出，即使一般車臣民眾也常無端遭到掠奪、拷問、強暴、殺害。

此外，一般認為車臣的武裝組織與基地組織等外國伊斯蘭激進勢力有連繫，並發動大規模的恐怖攻擊事件。二〇〇二年，莫斯科的杜布羅夫卡劇院劇院（Dubrovka Theater）發生挾持人質事件（十月二十二日，一群車臣武裝份子蒙面闖入劇院，挾持觀眾，俄國特種部隊於十月二十六日攻堅，共擊斃三十四名武裝份子），九百二十二名人質中，有一百二十九人喪生。二〇〇四年，北奧塞梯共和國的貝斯蘭小學（Beslan School）有一千一百八十一人遭挾持，其中三百五十多人喪生。因為這兩起攻擊事件，車臣人被國際社會視為恐怖份子。在這次戰爭中，車臣激進派為所欲為、背離民心。

自從二〇〇一年九一一事件發生後，「對抗恐怖份子」在車臣也成為鎮壓一般民眾的藉口，國際社會對此置之不理，一九九九年開始的第二次車臣戰爭於是持續至今。

令人矚目的北愛爾蘭紛爭

北愛爾蘭的紛爭非常單純，一邊是具有凱爾特人血統的愛爾

蘭裔，爲天主教徒、民族主義者；另一邊則是具有盎格魯・撒克遜血統的英格蘭裔新教徒、統一黨黨員（Unionist）。統一黨員是主張英國應維持統一、反對愛爾蘭自治的英國人。

北愛爾蘭紛爭長達數百年，肇因於英格蘭王國接二連三地攻打愛爾蘭。尤其十六世紀亨利八世與羅馬天主教會決裂以來，便對信仰天主教已久的愛爾蘭民眾進行迫害。天主教與新教（英國國教會）的對立，使愛爾蘭的紛爭具有濃厚的宗教衝突色彩。

英國國教會對天主教的打壓，至十七世紀清教徒革命領導人克倫威爾（Oliver Cromwell, 1599-1658，英國軍人、政治家）的獨裁時代達到頂點。此後，不論是在政治、經濟、文化等各層面，愛爾蘭的天主教徒都遭到歧視。西歐社會的基督宗教內部對立，一般都是占多數的天主教徒迫害新教徒，但愛爾蘭的天主教徒雖然也占多數，卻徹底遭新教徒壓制。

儘管如此，在遭受欺壓的漫長歷史中，愛爾蘭天主教徒的境況也曾幾度好轉。雖然新教徒仍掌握政治、經濟大權，天主教徒依舊難逃貧農的命運，但在十九世紀前半葉，愛爾蘭整體社會還算安定。然而，一八四五年之後的五年間，愛爾蘭發生空前的大饑荒。

愛爾蘭的主食爲馬鈴薯，本來就常有植物病蟲害，但大饑荒使得早已習慣飢餓的農民更加絕望。一八四一年，愛爾蘭有八百一十八萬人，十年後銳減爲六百五十五萬人，其中約有一百萬人死於饑荒，其他人則逃離家園。除了英國，有些人逃到美國或加拿大，甚至遠赴澳洲、紐西蘭。之後經歷了一百年，愛爾蘭的人

口持續減少，如今雖有所增加，還是遠不及饑荒發生之前。現在愛爾蘭共和國約有四百萬人，北愛爾蘭約有一百七十萬人。

　　相對的，世界各地的愛爾蘭後裔則增加了。世界各地的愛爾蘭裔移民及其後裔，號稱有七千萬至八千萬人。根據統計，美國的愛爾蘭裔約占總人口的百分之十至十五，很多人都被盎格魯・撒克遜裔的新教徒所同化。根據愛爾蘭官方網站資料，愛爾蘭裔占澳洲人口的三成，在紐西蘭則占總人口的十五％。O'Brian、O'Hara、O'Connor 等以 O 開頭的姓，是愛爾蘭後裔；而 Mc、Mac 開頭的姓則為蘇格蘭後裔，從姓氏即可清楚知道某人的出身。

　　英國政府對愛爾蘭「馬鈴薯饑荒」束手無策，令愛爾蘭人怨聲載道，導致新教和天主教的裂痕日益加深。武裝革命組織愛爾蘭共和兄弟軍（IRB）於焉誕生，這是現今愛爾蘭共和軍（IRA）

的前身。接著，也因為出現了較和平的獨立運動領導人，造就愛爾蘭民族獨立的契機。

　　第一次世界大戰後，在大選中異軍突起的共和主義政黨「新芬黨」（Sinn-Fein，凱爾特語意為「我們自己」）於一九一九年宣布獨立。此後，獨立戰爭進行三年之久，英國、愛爾蘭雙方最後簽訂條約，但愛爾蘭仍然只是名為「愛爾蘭自由邦」（Irish Free State, 1922-1937，一九二一年十二月簽訂的〈英愛條約〉〔Anglo-Irish Treaty〕允許愛爾蘭南部二十六個郡成立自治邦，享有自治權）的自治區。但愛爾蘭北部的六個郡經濟狀況較佳，卻沒有被納入自治區，仍隸屬英國。這就是目前「北愛爾蘭問題」的導火線。

　　上述自治區後來雖然獨立（一九三七年，愛爾蘭憲法宣布自由邦為共和國，但仍隸屬英國聯邦。一九四八年年底，愛爾蘭議會透過法律，宣布脫離英國聯邦，英國於一九四九年四月十八日承認愛爾蘭獨立），但仍為英國一部分的北愛爾蘭，所帶來的悲慘戰事卻更甚獨立戰爭之前。新芬黨訴求北愛爾蘭問題，在北愛爾蘭內部造成對立，引發內戰。各黨派分裂後，只有反對〈英愛條約〉者延用新芬黨之名。後來 IRA 成為合法政治團體，分裂情形更為嚴重。

　　北愛爾蘭由英國繼續統治，是當地占多數的新教徒、也就是統派的意願。新教徒擔心愛爾蘭全島會落入天主教徒手中，而英國政府雖繼續統治產業發達的北愛爾蘭，也有同樣的疑慮。北愛爾蘭的天主教徒約占人口三分之一，被新教徒視為「二等公民」，

訴請公民權的運動也遭新教徒打壓。因此，天主教徒也武裝起來，後來在一九六九年發動「北愛爾蘭動亂」（The Trouble）。此後，接二連三發生恐怖事件，造成社會恐慌，並引起國際矚目。

統派與民族主義者在倫敦德里（Londonderry）的衝突，為北愛爾蘭動亂爆發的直接原因。倫敦德里位於貝爾發斯特（Belfast）以北，為北愛爾蘭第二大城，自十七世紀至此地成為倫敦市屬地之前，原名德里（Derry，凱爾特語意指「橡樹林」）。直到現在，愛爾蘭人仍不喜歡地名中加上「倫敦」，只稱之為「德里」。

聞名於世的愛爾蘭民謠〈倫敦德里之歌〉（Londonderry Air），就是愛爾蘭人口中的〈丹尼男孩〉（Danny Boy）。這首民謠是描寫丹尼即將出征，其母送別時的心情，由於發表於第一次世界大戰爆發後，立刻獲得許多人的共鳴。這首歌表達了反抗英國的情緒，也含有追悼之意。

另外，〈夏日最後的玫瑰〉（The Last Rose of the Summer）的旋律來自愛爾蘭古歌謠，於十九世紀由愛爾蘭國民詩人摩爾（Thomas Moore, 1779-1852）填詞，也是一首懷想凱爾特昔日榮光的歌曲，激發愛爾蘭人熱愛鄉土之情。這類歌曲在民間大受歡迎，加上以葉慈（William B. Yeats, 1865-1939）為主的詩人、劇作家及政治家等知識份子大力提倡「凱爾特文藝復興」（台灣多稱為愛爾蘭文藝復興〔Irish literary renaissance〕），與十九世紀到二十世紀間的凱爾特民族主義相呼應。葉慈身為凱爾特文藝復興的提倡者，卻不是凱爾特人，而是出身富裕的盎格魯‧撒克遜

人。

　　然而，自從發生恐怖報復行動，熱愛凱爾特的民眾便不再支持發動戰事的武裝集團。一九九七年，提倡在英格蘭實施地方分權的布萊爾政府誕生後（此年工黨在英國大選中擊敗執政十八年的保守黨，當時年僅四十四歲的布萊爾〔Tony Blair〕出任首相），相關政策也爲一變。

　　一九九八年，北愛衝突各方達成和平協議，北愛爾蘭居民曾進行公民投票，有七成以上的民眾支持和平協議。而推動和平協議的兩位功臣，社會民主工黨領袖約翰·休姆（John Hume）與聯合黨領袖大衛·特林布爾（David Trimble），獲得了當年的諾貝爾和平獎。

　　達成協議後，持續近三十年的北愛爾蘭紛爭似乎趨緩，但和平進程卻遲遲沒什麼進展。一九九九年成立的北愛爾蘭自治政府（北愛爾蘭議會執行委員會）雖然是和平協議之柱，但與激進組織協議解除武裝卻觸礁，不久後即停擺。雖然後來北愛爾蘭反覆地自治、停擺，但自二〇〇二年以來自治政府已喪失其機能。二〇〇五年，愛爾蘭共和軍雖然宣布放棄武裝鬥爭，後來也確實解除武裝，但是以愛爾蘭共和軍爲首的武裝組織無法統一，而新教徒激進派解除武裝一事也毫無進展，可見全面撤武並非易事。

　　二〇〇六年五月，北愛爾蘭議會在停擺三年半後重新召開。爲北愛爾蘭帶來和平契機的英國首相布萊爾，仍然希望在任期內使北愛爾蘭自治政府重新運作。因此，他與愛爾蘭首相艾亨（Bertie Ahern）共同宣布以二〇〇六年十一月爲期限，若在此之

前自治政府無法恢復運作，往後就由英格蘭與愛爾蘭政府直轄統治。不過，目標在使愛爾蘭全島成為統一國家的新芬黨，與冀望英國直轄統治與自治政府二者折衷的新教強硬派民主統一黨（DUP）之間，仍存在著極大的鴻溝，因此北愛仍前途未卜。

塞浦路斯的希臘與土耳其之爭

一九八三年十一月十五日，北塞浦路斯—土耳其共和國（KKTC）在塞浦路斯宣布獨立。然而，除了土耳其，沒有其他國家承認它獨立；在地圖上是找不到這個國家的。為什麼會如此呢？以下即將追溯北塞浦路斯—土耳其共和國歷史，探究其來龍去脈。

塞浦路斯是位於地中海東部、土耳其以南的島嶼，在古代盛產優質銅礦，是地中海地區的繁榮之地。英語的 copper(銅)，就是 Cyprus(塞浦路斯) 的語源。塞浦路斯氣候溫暖宜人、花朵繽紛，相當美麗，希臘神話中誕生自海面水泡的美神阿芙蘿黛緹（Aphrodite），就是漂流到塞浦路斯西南端的城鎮帕福斯（Paphos）。因此，自古以來塞浦路斯島就登上希臘文化的舞台。

希臘人並不稱希臘為 Greece，而自稱 Hellas（此為古典希臘文），現代希臘文則稱希臘為 Ellas。這或許是因為希臘人本著海洋民族（或說商業民族）的精神，在地中海各地建立殖民城市，移居各地的希臘後裔形成了希臘世界網，但仍不忘以希臘為宗，具有強烈的民族意識、同族意識。有關希臘人民族意識的由來，

眾說紛紜，但基本上希臘人認為希臘文化是歐洲文化的源流，自己是擁有淵遠流長傲人文明的民族後裔。

古希臘沒落後，於西元前一四六年被羅馬統治，四世紀末時在拜占庭帝國統治下基督教化。十五世紀時，信仰伊斯蘭教的鄂圖曼帝國雖征服了希臘，但不僅承認基督宗教教徒、猶太教教徒的共同體，並認可其文化與自治的特權（此即米勒特制〔Millet〕），因此當時希臘人仍然可以使用希臘文、信仰基督宗教。換言之，鄂圖曼帝國是由信仰伊斯蘭教的土耳其人統治信仰基督宗教的希臘人。

十八世紀後，歐洲各國民族主義意識高漲，鄂圖曼帝國的勢力開始衰退。在此背景下，出乎鄂圖曼帝國的意料，希臘於一八二一年在伯羅奔尼撒半島（Peloponnesos Peninsula）發動叛亂，並於翌年宣布獨立。鄂圖曼帝國獲得埃及的援助，準備進行鎮壓，但在英、法、俄的干涉下，希臘於那瓦里諾（Navarino，位於伯羅奔尼撒半島西南部）打敗鄂圖曼軍隊。一八二九年，根據〈阿德里安堡合約〉（Adrianople，今土耳其的埃迪爾內〔Edrine〕），鄂圖曼帝國承認希臘獨立；翌年，英、法、俄簽署〈倫敦議定書〉，正式承認希臘獨立。

希臘獨立建國之後，信仰基督宗教的希臘人產生了強烈的「希臘化」意識，因此衍生了希臘正教。雖然希臘的國家、宗教認同相繼確立，但鄂圖曼帝國仍住著基督宗教教徒，而希臘境內也住著穆斯林，於是後來基督教徒與穆斯林就分別住在希臘、土耳其。

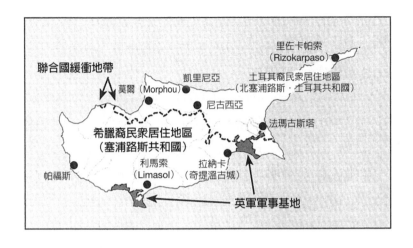

聯合國緩衝地帶

里佐卡帕索
（Rizokarpaso）

莫爾（Morphou）　　凱里尼亞　　　土耳其裔民眾居住地區
　　　　　　　　　　　　　　　　（北塞浦路斯‧土耳其共和國）

尼古西亞

法瑪古斯塔

希臘裔民眾居住地區
（塞浦路斯共和國）

帕福斯　　　　利馬索　　　　拉納卡
　　　　　　（Limasol）　（奇提溫古城）

英軍軍事基地

　　第一次世界大戰期間，聯合國軍隊爲了獲得希臘的支援，承諾割讓鄂圖曼帝國安納托利亞地區（Anadolu）的一部分給希臘。聯合國之所以選擇安納托利亞，理由之一是十八世紀以後有很多希臘人從土耳其的伊斯麥（Ismir）移居此地，使得這裡產生希臘化現象。第一次世界大戰後，一九一九年，聯合國最高會議承認希臘登陸伊斯麥，希臘此舉是爲了迫使聯合國履行先前的承諾。土耳其與希臘的戰爭於是揭開序幕。

　　一九二〇年，希臘進攻安納托利亞，並在伊斯麥宣布成立文人執政的民主政府；翌年凱末爾將軍（Mustafa Kemal Ataturk, 1881-1938，土耳其國父）領導土耳其進行反擊，一九二二年希臘大敗。此時，凱末爾也推翻了鄂圖曼帝國，於一九二三年建立土耳其共和國，於是過去移居土耳其的希臘人就淪爲難民。爲了解決這個問題，根據一九二三年在瑞士簽署的〈洛桑條約〉（Treaty of Lausanne，由土耳其與英、法、義等強權簽訂），土、希雙方互相換人，土耳其將一百一十萬希臘人送回希臘，希臘則將四十萬土耳其人遣送回土耳其。

由於有這段歷史，希臘與土耳其的關係並不好。不過儘管還有少數民族等問題，兩國還是可以互相交換居民，但是在塞浦路斯，交惡的土、希居民仍然雜居一起。

如前所述，塞浦路斯自古希臘以來就是希臘人的國家。塞浦路斯和希臘一樣接受拜占庭帝國統治，全面信仰基督宗教。十六世紀，鄂圖曼帝國開始統治此地後，土耳其的穆斯林即可移居進來。根據二○○五年的調查，塞浦路斯約有八十萬居民，希臘裔約占百分之八十點七，土耳其裔約占百分之十一，其餘為其他族裔。

塞浦路斯是地中海東部的要衝，而英國為了維持從地中海到印度洋的重要轉運站埃及蘇伊士運河（Suez Canal）的特權，把塞浦路斯當作布局要塞，並於一八七八年開始統治這裡，但不久後此地的希臘人開始反抗。

第二次世界大戰後，塞浦路斯爭取「回歸」（enosis，為希臘文）希臘本土，當時希臘正教的塞浦路斯教會大主教馬卡里奧斯三世（Makarios III, 1913-1977）掌握主導權，使得反抗運動更加激烈。土耳其政府對此進行反擊，並對塞浦路斯提高警戒。希臘裔、土耳其裔居民各有盤算，但英國、希臘、土耳其三國接受了馬卡里奧斯三世在蘇黎世─倫敦會議中提出的塞浦路斯獨立案，於是塞浦路斯在一九六○年獨立。

　　馬卡里奧斯三世成為塞浦路斯共和國首任總統，他讓土耳其裔人士擔任政府要職，而將希臘裔居民遣返希臘的要求愈演愈烈時，他也表示贊成。一九六三年，馬卡里奧斯三世廣納意見，準備修正憲法等不利於土耳其裔居民的體制，因此引爆內戰。一九六四年，聯合國派遣維和部隊進駐後，才終於停戰。不過塞浦路斯的武力衝突並未就此停息，由於土耳其、希臘兩國都派遣軍隊介入，造成許多人喪生。在這段期間，塞浦路斯的民眾自主地交換居住地，土耳其裔集體移居北部、希臘裔則遷至南部。

　　一九七四年，希臘軍事政權開始執政，主張與希臘統一的塞浦路斯希臘裔激進派接受希臘的支援，在塞浦路斯發動政變，並且放逐馬卡里奧斯三世。政變發生之後，土耳其立刻派遣軍隊，占領土耳其裔民眾居住的塞浦路斯北部地區（約占國土的三十七％）。希臘的軍事政權還來不及反應即遭推翻，因此希臘與土耳其沒有發生軍事衝突。翌年，塞浦路斯北部即宣布成立塞浦路斯—土耳其聯邦國，更在一九八三年宣布成立北塞浦路斯—土耳其共和國。

　　目前聯合國在塞浦路斯南、北部之間設置緩衝地帶，僅開放四個檢查哨准予通行，但只有觀光客能到這裡。南部的塞浦路斯共和國主張塞浦路斯應該是一個聯邦國家，由一個主權統合兩個社會、兩個區域，但北部的土耳其裔則主張南、北分別擁有主權、各成一國，雙方無法達成協議。

　　一九九〇年，經濟繁榮的塞浦路斯共和國申請加入歐盟，因此聯合國期待南、北雙方進行談判，並提出了概括性的協議案，

內容包括：讓塞浦路斯由希臘裔、土耳其裔國家合一爲塞浦路斯聯合共和國、總統由雙方人馬輪流擔任，南、北兩地居民移居限制，以及劃定兩國國界等。

不過提案沒有被接受。二○○四年五月一日，塞浦路斯共和國正式加入歐盟。塞浦路斯北部的土耳其裔地區，由於不受國際社會認可，貿易對象只有土耳其，因此與南部地區的經濟情況落差頗大。在〈歐盟法〉（EC Law）的限制下，塞浦路斯問題尚未解決之前，北塞浦路斯—土耳其共和國是不被承認的，但歐盟已開始對其展開經濟支援，似乎已可看到此地邁向和平的跡象。

殖民政策導致的對立：土奇人與胡圖人

撒哈拉沙漠以南的黑色非洲，最大的民族問題原本是南非共和國的種族隔離（apartheid）政策。一九九四年，與「最後的白人總統」戴克拉克（F. W. de Kelerk）協商後，曼德拉（Nelson Mandela，一九九四年獲諾貝爾和平獎）政府誕生了。雖然南非國內仍有許多問題，但無損它的「新生」形象。南非的隔離政策和澳洲過去的白人至上主義一樣，是白人對非白人明顯過度歧視的國家政策，不應受到認可。

白人與黑人之間的民族問題，一般人很容易想像；但在非洲許多國家，黑人之間也發生浴血戰。蘇丹、索馬利亞、剛果民主共和國（舊稱薩伊）、蒲隆地、賴比瑞亞等國的內戰，衣索比亞與厄利垂亞（Eritrea，位於東北非）之間的紛爭，都涉及領土或

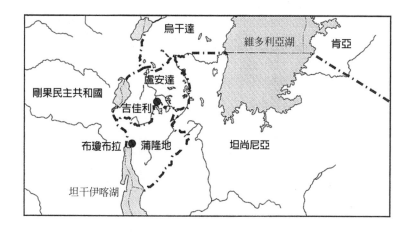

政權的糾紛，有許多民族捲入其中。

談到非洲的民族紛爭，人們最常引用的詞是「部族社會」。非洲的部族（更恰當的說法為「民族集團」、「族群」）多達一千多個，不過多數部族徒具國家形態，政治組織卻不完備，衝突在所難免。

本書第一章曾提及「部族」一詞造成的歧視印象。有人認為，不僅部族這「概念」，就連部族這個「實體」，都是殖民時代的人所創造的。非洲民族集團具有共同的文化背景、並以「我們」意識彼此統合；但殖民政府為了便於統治，而在各集團內劃定疆界。殖民政府煽動集團對立並利用對立局勢時，還宣稱這樣不失為強化集團間歸屬感的好方法。以下介紹的土奇人（Tutsi）和胡圖人（Hutu）的對立，就是殖民政府的政策造成的悲劇。

非洲幅員廣闊，居民的民族性與民族關係非常多元，因此非洲問題的原因無法以部族社會或殖民政策籠統帶過。但無庸置疑

的，歧視部族的觀念、部族之間經常發生對立，都源自殖民政權。

　　強制劃分的國界線，也是引發非洲民族紛爭的一大原因。殖民宗主國只圖方便，在決定國界時全然無視於自然條件及民族分布，結果引發許多問題。國界線及「部族社會」，爲非洲帶來許多無謂的紛爭。

　　一九九四年，盧安達（Rwanda）的胡圖人大肆屠殺土奇人，聯合國的支援部隊束手無策、黯然撤退。盧安達內戰至今已過了十餘年，早已被國際社會當成往事。

　　盧安達的大屠殺，在三個月內即造成八十萬人喪生，其導火線是盧安達總統（胡圖人）遭到暗殺。對於這起內戰，國際社會認爲是民族長期對立的結果。自從一九六○年代比利時殖民時代末期開始，胡圖人與土奇人的對立愈演愈烈，內戰雖然可以說是長期民族對立的結果，不過實際上，自古以來土奇人和胡圖人就一直住在同樣地區、使用相同的語言。有說法指出，胡圖人比土奇人早了約五百年定居此地，以農耕維生；而土奇人主要從事畜牧，出身地也和胡圖人不同。儘管如此，若要進一步指出這兩個族群的不同，也只能說其一是擁有牛群的人，另一族則是受託管理牛群、兼從事放牧與農耕的民眾。

　　許多人認爲，目前土奇人和胡圖人的問題，並非民族的不同，而是「階級」的差異。擁有牛群的土奇人雖屬少數，但過去曾擔任王族或首長等統治階層。而人數較多的胡圖農人，則服從土奇人的領導並受其保護。相對於「土奇人和胡圖人兩族間的歷史抗爭」，階級問題的說法的確較接近事實。原本土奇人和胡圖

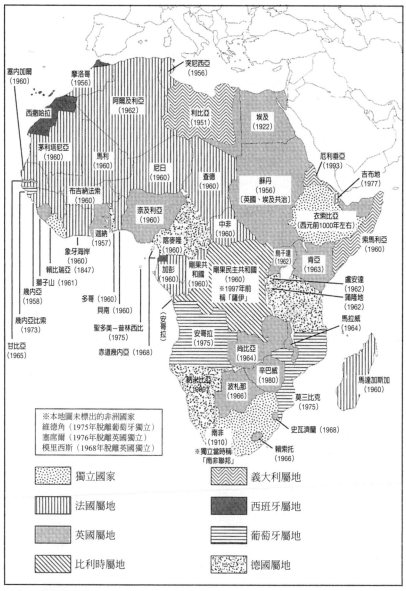

塞內加爾
（1960）

摩洛哥
（1956）

西撒哈拉

突尼西亞
（1956）

阿爾及利亞
（1962）

利比亞
（1951）

埃及
（1922）

茅利塔尼亞
（1960）

馬利
（1960）

尼日
（1960）

查德
（1960）

厄利垂亞
（1993）

吉布地
（1977）

蘇丹
（1956）
〔英國、埃及共治〕

布吉納法索
（1960）

奈及利亞
（1960）

中非
（1960）

衣索比亞
（西元前1000年左右）

索馬利亞
（1960）

迦納
（1957）

喀麥隆
（1960）

烏干達
（1962）

肯亞
（1963）

象牙海岸
（1960）

賴比瑞亞（1847）

加彭
（1960）

剛果共
和國
（1960）

剛果民主共
和國
（1960）
※1997年前
稱「薩伊」

盧安達
（1962）

獅子山（1961）

蒲隆地
（1962）

幾內亞
（1958）

多哥（1960）

貝南（1960）

馬拉威
（1964）

幾內亞比索
（1973）

聖多美－普林西比
（1975）

安哥拉

甘比亞
（1965）

赤道幾內亞（1968）

安哥拉
（1975）

尚比亞
（1964）

辛巴威
（1980）

馬達加斯加
（1960）

納米比亞
（1990）

波札那
（1966）

莫三比克
（1975）

史瓦濟蘭（1968）

南非
（1910）
※獨立當時稱
「南非聯邦」

賴索托
（1966）

※本地圖未標出的非洲國家
維德角（1975年脫離葡萄牙獨立）
塞席爾（1976年脫離英國獨立）
模里西斯（1968年脫離英國獨立）

獨立國家		義大利屬地
法國屬地		西班牙屬地
英國屬地		葡萄牙屬地
比利時屬地		德國屬地

一九一四年的非洲

國名之後括弧內的數字為獨立年。西撒哈拉沒有數字，因為不是獨立國家。此外，第一次世界大戰後，多哥與喀麥隆都為英法所分據，坦尚尼亞成為英屬，盧安達與蒲隆地成為比利時屬地。

人之間只有「是否擁有牛隻」這樣模糊的差異，但前宗主國比利時和西方人類學家則指出兩者之間還有職業、身高、鼻形等差異，使得雙方產生民族意識、進而形成對立。這是他們為土奇人所捏造的「黑色亞利安人」神話。

對殖民政府比利時來說，利用土奇人的「統治階層」來實施間接統治著實方便。簡單地說，比利時為了徵稅，重用占少數的土奇人代行其事。這種新的社會制度，破壞了土奇人與胡圖人相互依存的關係。而西方人所強行灌輸的部族意識，在一九六二年的獨立運動期間發酵，造成土奇人與胡圖人反目成仇。一九七三年，胡圖勢力發起政變，扭轉了土奇人與胡圖人的勢力關係，造成大量民眾喪生或淪為難民，悲劇一再上演。另一方面，在盧安達的鄰國蒲隆地，土奇人則繼續掌握大權，因此蒲隆地的胡圖人反而成為難民而流入盧安達。

盧安達周邊國家蒲隆地、烏干達、剛果等，也相繼捲入盧安達內戰。在經歷大屠殺後，主要成員為土奇人難民的「盧安達愛國戰線」（Rwandan Patriotic Front）獲得勝利，內戰於是平息。二○○三年，盧安達舉行內戰結束後首次總統大選，推動民族融和與民主化。反觀蒲隆地，在一九九三年大選後產生了有史以來第一位胡圖人總統，但不久後即遭到暗殺，土奇人組成的國軍與胡圖人的反政府武裝勢力持續展開報復之戰。一九九九年，南非總統曼德拉建議雙方進行和談，但胡圖人反政府勢力拒不參與。後來經歷幾次和平協商後，二○○五年，過去領導反政府勢力的恩庫倫齊薩（Pierre Nkurunziza）當選蒲隆地共和國總統，但現

在仍有武裝勢力持續從事游擊活動。

索馬利亞的氏族之爭與伊斯蘭基本教義派的抬頭

位於非洲東北部、突出於印度洋的「非洲之角」，自古以來其海岸地帶就是紅海、印度洋船舶交易的要衝。來自於波斯或者阿拉伯的商船，在此裝運象牙、豹皮、香料（乳香、沒藥）等非洲特產。

居住在這個地區的人，約有八成是索馬利人（Somali）。索馬利人由狄爾（Dir）、伊撒克（Isaaq）、達魯德（Darod）、哈威耶（Hawiye）、迪吉爾（Digil）、拉哈威恩（Rahaweyn）六個氏族（clan）組成。所謂氏族，就是咸認擁有共同祖先的集團。索馬利人以畜牧維生、散居各地，在這樣的社會，氏族能形成政治上、經濟上的團結，並維持社會秩序的傳統結構。在索馬利人的國家索馬利亞，民眾都使用索馬利語，大多數信仰伊斯蘭教的遜尼派民眾也擁有相同的文化與習俗，是非洲難得沒有異民族紛爭的國家。然而氏族間的霸權之爭導致索馬利亞分裂，尤其是南部地區，無政府狀態更已持續十餘年。

表面上看來，索馬利亞由於氏族社會爭奪霸權而無法維持民主國家的運作，但在其混亂背景中，仍可發現殖民時代的遺毒，以及美、蘇冷戰下的「代理人戰爭」（Proxy War。譯註：指真正交戰的其實是美、蘇，而非索馬利亞各氏族）。現在，隨著伊斯蘭基本教義派勢力強化統治權，加上「文明衝突論」的合理化，

索馬利亞恐怕會被列入恐怖主義國家。

　　索馬利亞成為歐美列強的必爭之地，始於一八八七年遭英軍侵佔、將其北部納入屬地。一八八九年，其南部成為義大利的屬地。第二次世界大戰時，索馬利亞就成為英國與義大利爭奪之地。一九六〇年，索馬利亞雖獨立為索馬利亞共和國，但因為是依照聯合國的決議行事，結果造成嚴重的混亂。

　　一九六九年，軍方發起政變，最高革命評議會議長巴里（Mohammed Siad Barre）將國名改為索馬利亞民主共和國（Somali Democratic Republic），隔年宣布索馬利亞為社會主義國家，實施一黨獨裁。索馬利亞在獨立前即盛行民族主義運動，巴里也強力主張「大索馬利亞主義」。從右頁附圖中可以得知，索馬利人的足跡遍布鄰國蒲隆地、衣索比亞及肯亞。巴里不滿過去殖民地時代所劃定的國境並未考慮到索馬利人的分布，於是要求重劃索馬利亞與衣索比亞之間的國境，結果在一九七七年引發了奧加登（Ogaden，衣索比亞東南部城市）戰爭。此時，衣索比亞獲得蘇聯的援助，美國為了對抗蘇聯而支援社會主義國家索馬利亞——東西兩強的緊張對峙被帶入非洲。一九七八年，衣索比亞軍隊擊敗索馬利亞，奧加登戰爭結束。戰爭時期被帶進索馬利亞的武器，後來流入各氏族之手，在氏族抗爭時派上用場。

　　巴里鼓動煽動民族主義的索馬利人團結起來，並且只優待自己出身的達魯德氏族，造成其他氏族強烈不滿。索馬利亞因奧加登戰爭受到重創，加上一九八〇年代旱災引起嚴重飢荒，經濟也日益蕭條，於是興起反抗巴里政權的反政府運動，後來便爆發內

索馬利亞氏族之分布地區

戰。一九九一年，巴里政權瓦解，西北部的伊撒克氏族宣布成立
索馬利蘭共和國（Republic of Somaliland）。目前索馬利蘭共和國
政治相當安定，不像索馬利亞南部混亂依舊，但國際社會並未認
可它是獨立國家。

　　一九九二年，聯合國曾派遣多國部隊鎮壓索馬利亞氏族間的
霸權之爭，成功達成任務，但翌年美軍特種部隊的「黑鷹」直昇
機卻遭到擊落。與此同時，聯合國也動員處理伊拉克入侵科威特
問題。中東擁有豐富的石油資源，相對之下，礦物、農產都不豐

富的索馬利亞，沒什麼保護的價值。此外，美國與聯合國認為犧牲士兵並不划算，因此在一九九五年，聯合國部隊完全撤離索馬利亞。

後來索馬利亞就遭國際社會遺棄，持續著無政府狀態。一九九八年，東北部的邦特蘭（Puntland）宣布自治，實際上索馬利亞已分裂為三個部分：索馬利蘭共和國、邦特蘭共和國（Republic of Puntland），以及以索馬利亞首都摩加迪休（Mogadiscio）為中心的南部地區。二○○○年，根據在吉布地共和國（Republic of Djibouti，非洲東北部國家）召開的和平會議，索馬利亞臨時政府成立，但其實際統治範圍僅及南部，而且內戰並未停止。伊斯蘭基本教義派武裝勢力於是乘虛而入，滲入索馬利亞社會。

這個武裝勢力名為「伊斯蘭法庭聯盟」（ISU），據說和基地組織有關係。正當國際社會決定不介入索馬利亞內戰時，伊斯蘭法庭聯盟就在該國南部漸漸拓展勢力，在二○○六年六月終於佔領摩加迪休。臨時政府遭驅逐出境，美國及歐洲各國驚慌失措，表明將繼續支援臨時政府。

美國在前總統柯林頓（民主黨）執政期間，主張從索馬利亞內戰中撤軍的是共和黨人。索馬利亞因內戰與飢荒而民生疲弊，而伊斯蘭法庭聯盟開始經營學校、醫院、慈善團體，逐漸被民眾接受。伊斯蘭法庭聯盟的勢力不僅限於南部，更擴展到邦特蘭，對目前執政的布希政府（共和黨）而言是不容小覷的對手。事實上，美國因擔心伊斯蘭基本教義派抬頭，已暗中支援反抗伊斯蘭法庭聯盟的索馬利亞軍閥，現在也主張正式採取軍事介入。此

外，美國也支援早就支持索馬利亞臨時政府的衣索比亞。

　　二〇〇六年九月，衣索比亞以支持臨時政府為由，侵略地方都市白寶阿（Baidoa），對此，伊斯蘭法庭聯盟放話表示將進行聖戰，索馬利亞因而陷入緊張狀態。有人擔心若有任何閃失，索馬利亞就會成為反恐新戰場，又被捲入一場布希政府與賓拉登的代理人戰爭中。

蘇丹，伊斯蘭基本教義派國家

　　西元六四一年，阿拉伯人侵略埃及，將發源於阿拉伯半島的伊斯蘭教傳入埃及。在此之前，埃及受拜占庭帝國統治，信仰哥普特教，這是約自三世紀開始廣為流傳的基督宗教分支。雖然埃及也使用拉丁語，但哥普特教會還使用哥普特語，它是以希臘文字表記的古埃及語言，因此也遺留有希臘時代的文化。

　　大約在西元前七世紀，希臘人抵達埃及，當時是古埃及王朝末期，彼時埃及的影響力遍及西亞、地中海東部、非洲內陸。希臘人得知埃及南部居住許多膚色黝黑的人們，對希臘人而言，那是被曬傷的膚色，因此便以古希臘文稱呼他們居住的土地為「曬傷人們的土地」，這就是「衣索比亞」的語源。

　　同樣的，阿拉伯人也以阿拉伯語稱膚色黝黑的人們居住的土地為「蘇丹」（Sudan）。蘇丹曾指位於埃及、撒哈拉沙漠以南的黑人之國，幅員包括橫跨非洲東、西部的廣大地域，不包括非洲南部。現在的蘇丹，國名就是由此地域的名字來的。順帶一提，

「歷史上的蘇丹」這說法，就是為了和現代國家蘇丹以示區別。

繼埃及之後，阿拉伯人又進攻地中海沿岸的北非，雖然也抵達伊比利半島，但並未前進非洲內陸，伊斯蘭教因此沒有滲透至此。大約經過四、五百年，開羅及其周邊地區的民眾大多都改信伊斯蘭教。在開羅以南地區，要改變民眾的宗教信仰尤其困難。這是因為被阿拉伯人趕走的哥普特教徒居住在尼羅河沿岸，若要繞過這條路線，必須越過利比亞沙漠、撒哈拉沙漠。蘇丹北部、中部鄰近埃及的地方，強烈受到埃及哥普特教影響，還曾建立哥普特教的王朝。約在十三世紀左右，這裡終於開始伊斯蘭化；十五世紀末，哥普特教最後的王朝覆滅，伊斯蘭教王朝誕生。

然而到了一八二〇年代，埃及軍隊進攻蘇丹，蘇丹在埃及總督的統治下成立自治政府，並且定喀土木（Khartoum）為首府，也就是蘇丹現在的首都。一八八一年，頗具宗教領導能力、自稱「救世主」（Mahdi）的阿赫米（Mohammed Ahmed）率領民眾進行聖戰（稱為「救主軍」），驅逐埃及人而完成獨立。Mahdi 一詞，具有「依神之旨意任命的正當領導者」之意，後來被解釋為要導正邪惡所造成的混亂社會秩序、導向真正的伊斯蘭共同體的「救世主」。

不過，一八九九年，蘇丹被齊欽納將軍（Herbert Kitchener, 1850-1916）率領的英軍擊敗，成為英國殖民地，由英國與埃及共同治理。一九二二年，埃及獨立為埃及王國，一九五二年更由「自由軍官（Free Officers）組織」發起革命，並於翌年廢除帝制、成立埃及共和國。於是，蘇丹的民族自決意識隨之高漲，終於在

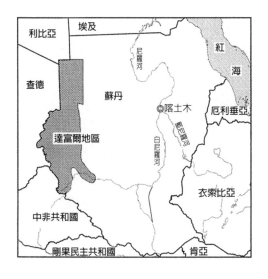

利比亞
埃及
紅海
查德
蘇丹
尼羅河
厄利垂亞
○喀土木
達富爾地區
白尼羅河
青尼羅河
衣索比亞
中非共和國
剛果民主共和國
肯亞

一九五六年建立共和國。

　　蘇丹內部紛爭不斷的主因，就在於它是非洲大陸面積最大的國家（兩百五十萬六千平方公里），此外，其殖民地歷史也是一大原因。如前所述，伊斯蘭教在蘇丹滲透，阿拉伯人對蘇丹中部到北部地區都有很大的影響。蘇丹獨立，由北部的阿拉伯裔掌握政治、經濟大權，造成南部民眾反抗，於是產生以南部分裂、獨立為目標的蘇丹解放運動（Sudan Liberation Movement）。然而蘇丹南部擁有豐沛的石油、水資源，是全國的經濟命脈。

　　一九六九年，陸軍發動政變成功，（陸軍少將）尼邁里（Gaafar Nimeiry）將國名由蘇丹共和國改為蘇丹民主共和國，並於一九七一年就任總統。一九七二年，南部的蘇丹解放運動團體與尼邁里進行會談，雙方締結〈阿迪斯阿貝巴協定〉（Addis Ababa，衣

索比亞首都），緩和了北部與南部的緊張局勢。但到了一九八三年，他不再遵守這項協定，並宣布全面實行伊斯蘭教法（Sharia Law）。於是南部發生叛亂，組成蘇丹人民解放軍（SPLA），首領為加朗（John Garang）上校，爆發了軍事鬥爭。

一九八四年，由於乾旱與衣索比亞難民流入，造成蘇丹經濟蕭條。一九八五年五月的政變，導致尼邁里失勢下台。蘇丹國名因此改回蘇丹共和國，並於一九八六年由阿赫米的曾孫薩迪克（Sadiq al-Mahdi）擔任首相，和平曙光乍現。但一九八九年巴歇爾准將（Omar al-Bashir）發動軍事政變，建立「國家伊斯蘭陣線」（National Islamic Front, NIF）作為政治主體，這個組織標榜伊斯蘭基本教義。對於巴歇爾堅持實施伊斯蘭教法的政策，加朗上校挑明將採取軍事對決。

巴歇爾政權原本恪遵伊斯蘭基本教義派的強硬姿態，在美國九一一恐怖攻擊事件發生後開始軟化。蘇丹被指控與九一一事件主謀賓拉登有關聯、被視為恐怖主義國家，因而遭美國敵視，為此蘇丹迅速穩定內政、親近美國，並表現出終結內亂的意圖。

二〇〇五年一月，巴歇爾總統與蘇丹人民解放軍的加朗上校簽署一項總括性的和平協議，內容包括：未來六年由臨時政府統治、南部實施公民投票、南部不必受制於伊斯蘭教法、平分石油利益等。南部實施的公民投票，是要決定蘇丹是否採行北部與南部聯邦的形態，還是贊成南部獨立。不過，加朗上校出身的丁卡族（Dinka）有強烈的獨立意願，與接受北部支援的奴爾族（Nuer）形成對立。

伊斯蘭教法

在《古蘭經》第五章第四十五節中，載有與美索不達米亞的《漢摩拉比法典》（Code of Hammurabi）相同的一句話：「以眼償眼。」這是指某人蓄意殺人、傷害他人時，被害人或受害者的繼承人可以對加害者進行同樣的報復。但這並非在受害後立刻報復的野蠻、單純的行為，而是需要證人作證，報復行動也必須以相同方法、相同程度來執行。此外，伊斯蘭教法實際執行起來有許多困難。例如若是丈夫加害妻子、父母親加害子女等狀況，根據《古蘭經》的規定，由於加害者的法律地位高於被害者，因此無法進行報復。

另外也可以支付「血之代價」取代報復，並且進行和解。這是根據法律地位，以及受傷部位、受傷程度來詳細規定代價。

其他規定還包括：飲用禁酒或通姦時要行鞭刑（處罰次數依狀況而定）；初犯的竊盜犯必須斬斷右手，再犯則按照犯行次數依序斬斷左腳、左手、右手；強盜犯（當街搶劫等）的最高刑罰則為死罪。

不過，根據伊斯蘭教法執行刑罰時，必須有嫌犯的自白及兩位男性證人的證詞。通姦罪則需要四位證人，如果證詞無法成立，原告會被判毀謗罪。

有人認為，蘇丹標榜採行伊斯蘭教法，是刻意對歐美社會宣示自己是伊斯蘭國家。

　　二〇〇五年七月九日，蘇丹臨時政府成立，由巴歇爾擔任總統，加朗上校擔任第一副總統。然而就在七月三十日，在出訪烏干達的歸途中，加朗副總統搭乘的直昇機因天候惡劣而墜機，他當場身亡。數千名南部居民不認為這是單純的飛行意外，立刻襲擊阿拉伯裔的民眾。在南部，由於丁卡族與奴爾族的對立也日益嚴重，蘇丹可以說是前途未卜。

達富爾內戰，蘇丹的另一個民族紛爭

　　幅員廣大的蘇丹，在尼羅河沿岸的南、北部紛爭雖有和緩的趨勢，但與查德、中非、利比亞等國為鄰的西部高原達富爾（Darfur）地方，卻發生新的民族紛爭。

　　十三世紀時，達富爾地方也曾遭到阿拉伯人的巴卡拉族（Baqqara）侵襲，後來好幾個非阿拉伯裔黑人原住民族便改信伊斯蘭教。阿拉伯裔民族與非阿拉伯裔民族雖然都信仰伊斯蘭教，卻也因生活文化等差異而發生衝突。

　　二〇〇三年，正當蘇丹推動北部與南部的和平進程之際，達富爾地方的非阿拉伯裔居民成立「蘇丹解放軍」（SLA, Sudanese Liberation Army）並發起「正義平等運動」（JEM, Justice and Equality Movement），後來因政府軍攻擊這些組織而引發紛爭。

　　蘇丹政府以阿拉伯裔民兵（Janjaweed，意指「武裝男騎士」）為主力部隊，進行地面攻擊與空襲，戰況慘烈。這場戰爭中有超過十八萬居民遭民兵屠殺，約兩百萬居民無家可歸，還有為數二

十萬以上的達富爾難民逃到查德。

聯合國視察團隊的調查指出，在達富爾內戰中，阿拉伯裔居民的村落並未遭襲，但非阿拉伯裔居民的村落則成為攻擊目標。因此有人認為，民兵的攻擊是有計畫的種族大屠殺，明顯違反國際法。因此國際刑事法庭（ICC）已接受聯合國安理會的決議，對此進行調查。

蘇丹政府雖然否認種族屠殺，也否認援助民兵組織，但其鄰國查德卻封鎖兩國國境，以「無法信任蘇丹政府」為由與其斷交。查德本身並不富裕，為眾多難民缺水缺糧的窘境所苦，雖有聯合國兒童基金會（UNICEF）等機構伸出援手，但要談解決還太早。

二〇〇六年五月，蘇丹政府與部分反政府勢力簽署〈達富爾和平協議〉（DPA, Darfur Peace Agreement），但並不是全體反政府勢力皆連署，因此攻擊事件依然持續，不僅當地居民受害，就連人道支援的相關人員都遭到池魚之殃。

第6章

中東：阿拉伯人與猶太人

今日的蘇伊士運河 左為埃及本土，右為西奈半島。在供民眾使用的
渡船碼頭旁，常備有軍事用途的浮橋。

阿拉伯人與穆斯林

提起阿拉伯人，很容易讓人聯想到中東的民眾，不過阿拉伯人原指居住在阿拉伯半島的幾個民族集團。例如《古蘭經》（Koran，一譯《可蘭經》）中記載的南阿拉伯葉門人（以郭坦〔Qahtan〕為祖先），以及北阿拉伯的蓋斯人（Qays，以阿德南〔Adnan〕為祖先），他們是被神滅亡的兩個民族。

大約西元前八世紀，南阿拉伯在葉門建立南阿拉伯王國。而記錄西元前八五四年與亞述發生戰爭的碑文則記載著，在其後的希臘化時代（Hellenistic Age，譯註：指西元前三三四年亞歷山大大帝東征起，至西元前三○年羅馬併吞埃及止），北阿拉伯建立了以商隊聞名的巴爾邁拉王朝（Palmyra，今敘利亞）及納巴泰王朝（Nabataean，現今約旦的皮特拉〔Petra〕），成為繁榮的交易轉運站。

雖然同為阿拉伯人，但南、北的語言、文字相異。北阿拉伯的文字流傳至今，南阿拉伯的文字很獨特，在南阿拉伯王國於西元四世紀滅亡時隨之消失。南阿拉伯王國瓦解後，南阿拉伯人在阿拉伯半島上主要過著游牧生活，語言也和北阿拉伯的語言、文字互通，但後來南、北阿拉伯人之稱，逐漸有區別定居民眾與游牧民眾的意味。

西元六一○年，古萊氏人（Quraysh）哈希姆家族（Hashim）的穆罕默德（Mohammed, 570-632）受到加百列（Gabriel，伊斯

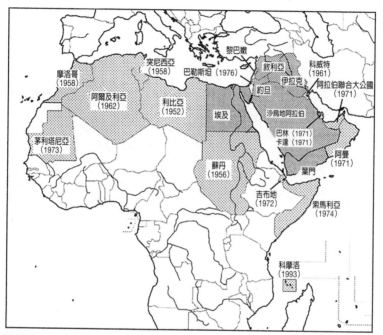

阿拉伯聯盟會員國 　創立於一九四五年三月二十二日，總部位於開羅。圖中沒有西元年份者為原始會員國，後續加盟國家則標註入盟年度。

蘭教四大天使之一）的啟示，認為阿拉（Allah，阿拉伯文意指「神」）是唯一而絕對的神。穆罕默德以先知自居，創立伊斯蘭教。

　　穆罕默德傳教使用的《古蘭經》中，並沒有「阿拉伯」一詞。但《古蘭經》將「能說阿拉伯語的人」與「使用異民族語言的非阿拉伯人」區別開來，這一點卻值得注意。在伊斯蘭教之中，阿拉伯人產生了身為民族的認同感。

　　後來阿拉伯人跨出阿拉伯半島，進行大規模的侵略。從西元六六一年的烏瑪亞王朝（Umayyads, 661-750，一譯翁美亞王朝）

老開羅區（哥普特區）伏斯泰特遺跡　入侵埃及的伊斯蘭軍隊建造的軍事據點。
伏斯泰特（al-Fustat）意指駐紮用的「帳篷」。

起，到十一世紀中葉土耳其人的塞爾柱王朝（Seljuk, 1038-1194）
在西亞崛起爲止，都是阿拉伯人君臨天下。阿拉伯人在侵略地區
建立的軍事城市（Misr），成爲促使周邊居民阿拉伯化、伊斯蘭
教化的據點。過去阿拉伯地區的統治者如羅馬帝國、亞歷山大大
帝，都沒有廢除土著的語言、文化；阿拉伯人則致力於制定阿拉
伯語爲官方語言、共通語言，將接受阿拉伯語的人全部視爲阿拉
伯人。

　　以埃及爲例，雖然擁有三千年的古代文明傳統，但阿拉伯人
逐漸讓埃及人揚棄過去的文化，輸入阿拉伯文化，將當地人改造
爲阿拉伯人的翻版。爲了達成伊斯蘭教化，阿拉伯人也在埃及設
置軍事城市。通常軍事城市只維持短期運作，但埃及位於亞洲與

非洲交接處，並以維護悠久的傳統文化爲傲，因此必須設置長期穩固的軍事城市。在阿拉伯文中，Misr 即指埃及這個國家，尤其是開羅這個城市。事實上，讓大多數埃及人伊斯蘭化，是阿拉伯人進行幾百年侵略的結果。

然而，也有像北非的柏柏人般固守自己語言的民族。而亞洲的馬來西亞雖以伊斯蘭教爲國教，但仍以母語爲官方語言，並沒有接受阿拉伯語。

對阿拉伯人來說，「翻版」的阿拉伯人愈來愈多，這使得正宗「阿拉伯人」的存在感及民族意識日趨式微。隸屬什麼民族集團並不重要，對穆斯林而言，虔誠信守阿拉訓示才是具有阿拉伯的意識。這對後來興起的阿拉伯民族主義，有很大的影響。

近年來，埃及有愈來愈多講阿拉伯語的基督教徒與猶太教徒。也就是說，他們生活在阿拉伯文化中，卻非穆斯林；因此如何定義阿拉伯人，變得更加困難。總的說來，所謂阿拉伯民族，就是遵行阿拉訓示、以阿拉伯語等其傳統文化爲生活基礎的人們。

伊斯蘭教的遜尼派與什葉派

伊斯蘭教信徒必須虔敬地服從唯一而絕對的眞神，他們一般被稱爲「穆斯林」，就是指「絕對服從（神）的人」。目前全世界的穆斯林有八億至十億人，其中包括約占九成的遜尼派（Sunmite，或記爲 Sunni），以及少數派什葉派（Shiite，或記爲

Shia）。

遜尼派是指遵從《遜納》（*Shunnah*，意指範例、習慣。根據穆罕默德言行而輯成的伊斯蘭教律法，被視為《古蘭經》的補充典籍）的信徒。他們將穆罕默德生前所說的話、命令和行動等，整理成《赫諦斯經典》（*Hadith*）。

什葉派較為複雜。先知穆罕默德在生前並沒有指定繼承者，因此他死後，伊斯蘭教曾一度瀕臨瓦解。此時，穆罕默德的元老信徒中、可能是穆罕默德友人的艾卜·伯克爾（Abu Bakr），被選為哈里發（califat，穆罕默德的後繼者、代理人），成為伊斯蘭教最高權威。到了第四代哈里發，也就是穆罕默德的堂弟兼女婿阿里（Ali, 603-661）時期，曾表示政教最高權威者應由穆罕默德的血親擔當，因此阿里被稱為第一代以瑪目（Imam，領導人、先知的直接繼承人，一譯「伊瑪目」）。

遜尼派和什葉派都以《古蘭經》與《赫諦斯經典》為教義及法律的根本，也都以穆罕默德建造伊斯蘭教共同體（umma）的理想為理想。但什葉派不只以穆罕默德的《遜納》為準則，還以第一代至第十二代以瑪目的言行來解釋《遜納》。這一點和遜尼派是不同的。

由此看來，遜尼派及什葉派的教徒雖然抱著相同的理想，但因為八億至十億信徒中有許多人見解互異，因而無法圓滿運作。即便同樣是遜尼派或什葉派，各地學派的解釋也不一樣。在穆罕默德的出身地沙烏地阿拉伯，就連遜尼派之中也有嚴格恪遵《古蘭經》與《遜納》立場、並與同屬遜尼派但詮釋《古蘭經》較有

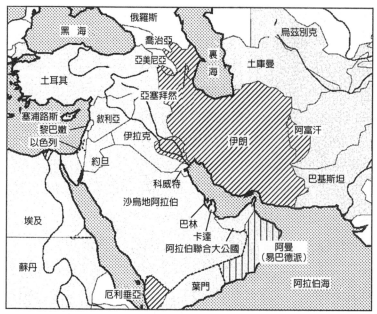

伊朗、伊拉克周邊地圖 斜線部分的住民多為什葉派。其他有網底部分，除了阿曼（信仰易巴德派）之外，以遜尼派居多。

彈性的國家（例如埃及）劃清界線的瓦哈比教派（Wahhabism）。就像這樣，伊斯蘭教的信仰也有程度差異，對於奉《古蘭經》為規範的伊斯蘭法的解釋也不盡相同。因此即使同屬伊斯蘭教，發生摩擦在所難免。

什葉派國家，伊朗

　　伊朗位於中東，常被誤認為風土習慣與鄰國伊拉克類似，但伊朗並不使用阿拉伯語，為非阿拉伯裔伊斯蘭教國家。

　　伊朗是古代波斯語中「波斯」的另一稱呼。直到西元七世紀，伊朗高原都使用波斯薩珊王朝（Sasan, 227-651）的官方語言，也就是中古世紀波斯語。當阿拉伯人侵略此地區，將伊斯蘭教傳入後，此地也開始使用《古蘭經》的阿拉伯語。改信伊斯蘭教的伊朗裔民族，運用在波斯帝國習得的治國手腕，在官場、書記、醫學、哲學、歷史等領域都有傑出表現，有些貴族則擔任宰相或大臣。

　　西元九世紀時，伊朗誕生了幾個伊斯蘭教的地方王朝，國內政治非常熱絡，在文學等領域也可以使用波斯語。九世紀至十世紀的薩滿王朝（Saman, 875-999）不遺餘力地推動伊朗傳統文化與伊斯蘭教文化的融合，以期創造新文化，波斯文化即於此時復興。雖然宗教文書以及有意推廣到伊斯蘭文化圈的學術書籍使用阿拉伯語，但文學著作則使用波斯語。後來，伊斯蘭世界中文化交流頻繁，波斯語傳布到中亞、阿富汗、印度北部、土耳其，成為伊斯蘭教世界中僅次於阿拉伯語的主要語言。

　　伊朗常被形容為「種族的熔爐」，全國六千八百萬人口中，半數以上日常生活中使用波斯語，其餘各民族集團則使用不同語言。伊朗原本缺乏團結意識，直到一五○一年，領土包括今日伊拉克的薩非王朝（Safavids, 1502-1736）以伊斯蘭教什葉派（十二以瑪目派）為國教以來，才具有強烈的民族意識。當時奉行遜尼派的鄂圖曼帝國正大肆擴張勢力，難免跟薩非王朝發生衝突。然而儘管戰事頻傳，伊朗仍然樹立了獨特的風格。十七世紀後半葉，西歐各國如荷蘭、法國、英國等為了取得伊朗絲綢，與伊朗

交易頻繁。此時有所謂「首都伊斯法罕（Isfahan 或 Esfahan，伊朗中部都市）坐擁一半世界」之說。伊朗選擇信仰什葉派以來國勢興盛，卻也因而與他國發生爭戰。它雖然是個多民族國家，但因人民擁有同樣的民族意識，因而能將各民族團結起來。

西元一七七九年建立的卡箚爾王朝（Qajar, 1779-1925）局勢就很混亂。十九世紀時，英國、俄國入侵，伊朗開始分裂為二；第一次世界大戰後，在英國的支援下，於一九二五年成立巴勒維王朝（Pahlevi, 1925-1979）；一九三五年，正式將國名由波斯改為「伊朗」（源於梵文「亞利安」，意思是「高貴的」）。第二次世界大戰後，伊朗雖仍有蘇聯駐留，也產生反抗國王的政權，但因美國支援伊朗國王，王朝得以持續、繁榮。

然而，伊朗國民及宗教人士都反對國王的獨裁政治，因而發生大規模反政府運動。一九七九年，伊朗發生革命，將國王驅逐，由何梅尼（Ayatolla Ruhollah Khomeini, 1902-1989）掌握實權。自此伊朗成為伊斯蘭共和國，直至今日。

敵對的伊朗與伊拉克

何梅尼推翻巴勒維國王，是因為國王挾美國強力的後援而推動現代化，同時企圖強化中央集權體制。若追溯先知穆罕默德的說法，「全體穆斯林皆為同胞」，理應切斷門第、血緣的牽絆，因此不能認可王制、王位採世襲制。後來，何梅尼指稱波斯灣施行國王制的各國為「迫害者的伊斯蘭教國家」，並且以此為由發動

攻擊。

一九七九年二月十一日，何梅尼發動伊朗伊斯蘭教革命。同年七月，溫和派的伊拉克總理哈珊（Ahmad Hasan al-Bakr, 1914-1982）下臺，由海珊（Saddam Hussein, 1937-2007）繼任。

兩伊戰爭開戰前，一九七五年在阿爾及利亞召開石油輸出國組織（OPEC）大會時，伊拉克與伊朗曾簽署合約界定兩國國境，伊朗因此停止支援伊拉克北部庫德人反抗伊拉克政府所需的武器及資金。此前的一九六四年至七四年間，伊拉克曾於納賈夫（Najaf，位於伊拉克中南部的什葉派聖地）響應將批判伊朗王制的何梅尼流放法國的處分。

此時兩伊關係看似良好，但雙方一旦涉及國家代表人的問題，即劍拔弩張。一九八〇年四月一日，伊朗伊斯蘭教革命剛滿一年，伊拉克副總理塔里克‧阿齊茲（Tariq Aziz）遭暗殺未遂，伊拉克指責此事件的幕後黑手是伊朗裔的「以瑪目戰士」。兩國關係因此開始惡化，海珊強烈譴責何梅尼，稱他為「披著宗教外衣的國王（Shah）」。同年九月二十二日，伊拉克攻打伊朗，此次兩伊戰事長達八年。最後，伊拉克在國內庫德人居住地區使用生化武器，不僅入侵的伊朗軍遭殃，也造成數千名庫德人喪生。伊朗於是被迫接受聯合國的停戰決議。這起戰爭除了兩伊外，世界各國也捲入其中。

此後，伊拉克在一九九〇年侵略科威特，遭美國為首的聯合軍制止，並實施經濟制裁，伊拉克也由聯合國託管。另一方面，伊朗在具有領導魅力的何梅尼統治下，變成更為嚴格的伊斯蘭教

世界。何梅尼抱持伊斯蘭教共同體的信念，以之爲解決民族分裂問題的根本，在伊朗本國內也嚴厲處置獨立運動及自治運動。然而何梅尼於一九八九年去世後，哈米尼總統（Ayatollah Ali Khamenei）被選爲最高領袖，拉夫桑亞尼（Akbar Hashemi Rafsanjani）成爲總統，自由、民主主義終於再度抬頭。及至二十世紀末，以哈塔米（Mohammad Khatami）總統爲首的革新派占了壓倒性的優勢。

不過，以建立伊斯蘭教共同體爲目標的運動並未停止。二〇〇五年六月伊朗舉行總統大選，保守強硬派獲得壓倒性的支持，德黑蘭市長阿瑪迪內賈德（Mahmoud Ahmadinejad）擊敗拉夫桑亞尼總統，他獲勝的主因並非追求政治改革或文化層面的自由，而是主張改善貧富差異、提出失業對策、訴求提升生活水準。

敵對的伊朗與美國

伊拉克海珊政權擁有大規模毀滅性武器（WMD），被美國視爲邪惡軸心國、設法令其瓦解，讀者應該記憶猶新。爲了對抗懷著強烈反美情緒、掌握實權的遜尼派伊拉克舊政權，美國協助成立了由什葉派與庫德人主導的政權。什葉派爲分布於伊拉克南部的多數派，人數約爲遜尼派的三倍，約占伊拉克全國人口的六成至六成五；庫德人則居住於伊拉克北部，飽受舊政權鎮壓。儘管如此，伊拉克國內仍然可見這些教派彼此對立。

雖然美國協助什葉派，卻指責伊朗意圖強化對伊拉克什葉派

的影響力。此外，二〇〇三年五月，沙烏地阿拉伯發生恐怖攻擊事件，伊朗因藏匿與此事件相關的基地組織幹部而遭到譴責，伊朗與美國的關係益發緊張。然而，其實美國不僅不希望和伊拉克交惡，也不希望與伊朗搞壞關係——伊朗對和以色列對立的黎巴嫩眞主黨具有影響力。美國與兩伊的關係極爲錯綜複雜。

由於伊斯蘭革命的發生，以及德黑蘭美國大使館遭佔領、爆發挾持事件，一九八〇年四月起，伊朗和美國就處於斷交狀態。布希政府也延續了自一九九五年以來對伊朗的制裁政策，並更新總統令，禁止對伊朗進行貿易、投資。對於在二〇〇一年八月到期的〈伊朗－利比亞抵制法案〉（Iran-Libya Sanction Act，簡稱ILSA，該法案規定，美國有權對那些在伊朗和利比亞年投資超過兩千萬美元的外國公司實施嚴厲制裁），美國參眾兩院議員超越黨派，聯手要求將其延長五年，最後獲得通過。二〇〇六年八月，ILSA 再度失效，美國又再推動強化抵制的法案（但法國反對，提議雙方進行對話）。

二〇〇五年六月伊朗舉行總統大選，布希總統對伊朗選舉制度大肆批評。對此，新科總統阿瑪迪內賈德指責美國不尊重伊朗國民的尊嚴與利益，認爲兩國不可能締結友好邦交。

伊朗被懷疑假借原子能發電之名，私下開發核武。一九七〇年，伊朗加入聯合國〈反核武擴散條約〉（Nuclear Non-Proliferation Treaty, NPT），沒有理由不接受國際原子能總署（International Atomic Energy Agency, IAEA）的調查。不過二〇〇三年六月，伊朗被懷疑私下開發原子能，IAEA 在伊朗進行調查，伊朗也被

要求公布核能開發全貌、暫停生產核武原料的鈾濃縮作業。

阿瑪迪內賈德總統不但向 IAEA 報告伊朗正在進行鈾轉換作業（為鈾濃縮的前項作業），並宣布不願意在談判桌上討論這件事以外的問題。伊朗既已加入 NPT，主張和平使用核能，但因遭到懷疑而心生不滿，於是在二○○六年八月，拒絕接受聯合國安理會對伊朗的制裁警告決議。伊朗打出「削減原油輸出」這張牌，能源資源被拿來作為政治戰略，又成為新紛爭的導火線。

耶路撒冷，三大宗教之聖地

在許多人心目中，耶路撒冷儘管是宗教聖地，卻頻頻發生恐怖行動，是個危險的城市。在希伯來文中，Jerusalem 是指「和平之都」，但它同時是猶太教、基督宗教及伊斯蘭教這三大宗教的聖地（在中東的觀念中，佛教並非宗教，而是一種哲學思想），各種紛爭一波未平一波又起。過去，這個城市曾飽受不同國家的破壞。

西元七○年，耶路撒冷的神殿遭羅馬軍隊焚燬，徒留斷壁殘垣，以色列人失去了自己的國家。一三二年，猶太人科克巴（Simeon Bar Kokhba，為大衛王後裔）起義，奪回首都耶路撒冷，然而羅馬軍隊於一三五年開始反擊，將此地破壞殆盡。羅馬在成為廢墟的耶路撒冷重建「鳳城」（Aelia Capitolina），作為羅馬的殖民都市。直到現代，耶路撒冷的猶太教徒與穆斯林的爭戰也從未止息。

話說回來，為什麼耶路撒冷會成為三大宗教的聖地呢？

首先將耶路撒冷定為聖地的，是猶太教。大約在西元前一○二○年成立的以色列王國，第二代國王大衛王文武雙全、眾望所歸，在他的時代，耶路撒冷是耶布斯人（Jebus，迦南人的一支）居住的要塞城市，當時便稱為耶布斯。大衛王即位不久後，即對耶布斯展開侵略；他深具軍事才能，在進攻耶布斯之際，便看清它的地理優勢。

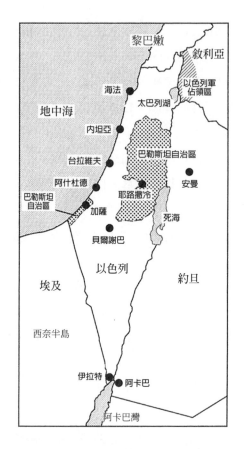

耶布斯位於迦南的中央，是各地勢力的平衡點；大衛王考量此一地理條件，定都於此，並將收納了摩西在西奈山由上帝手中獲得的十誡石板的約櫃安置此地。根據《聖經》〈創世紀〉記載，後來大衛王之子所羅門王在摩利亞山（Mount Moriah），亦即亞伯拉罕之子以撒（Isaac）被捆綁置於壇上、準備犧牲之地，建造收藏約櫃的神殿，耶路撒冷即成為聖城，這是西元前九六○年左

Haram al-Sharif

哭牆

圓頂清真寺

阿克薩清真寺

耶路撒冷舊城及聖殿山　原猶太人聖殿所在之處，如今建有兩座清眞寺。聖殿殘存的西部外牆，就是猶太人崇敬的「哭牆」。（以色列觀光局提供）

圓頂清真寺內部
根據《聖經》記載，此地爲亞伯拉罕打算獻祭兒子以撒之處；在伊斯蘭教的歷史中，這裡是先知穆罕默德昇天之地。（以色列觀光局提供）

右的事。

　　後來，耶路撒冷經歷了巴比倫之囚事件（將於下節詳述），也遭到羅馬軍隊破壞。目前，所羅門王時代的遺跡只殘留斷垣殘壁，就是猶太教徒謂之「哭牆」的聖地。

　　對基督教徒來說，耶路撒冷是耶穌被釘在十字架、處決三日之後復活為基督（救世主）之地，是基督宗教信仰的發源地，也是重要的聖地。

　　最後來談談穆斯林心目中的耶路撒冷。

　　源於阿拉伯半島的伊斯蘭教，為何會以耶路撒冷為聖地？阿拉伯語稱耶路撒冷為 Al-Quds（聖地）。伊斯蘭教創立初期，在穆斯林朝麥加的天房（Kaaba。譯註：為正方體石造聖殿，又譯卡巴神殿）膜拜之前，猶太教徒是朝耶路撒冷神殿的方向膜拜，伊斯蘭教先知穆罕默德也是朝耶路撒冷膜拜。

　　此外，《古蘭經》記載，穆罕默德去世時，真神派遣大天使加百列及天馬將穆罕默德載往耶路撒冷，穆罕默德便在聖殿山昇天。因此耶路撒冷就成為伊斯蘭教第二大聖地，僅次於沙烏地阿拉伯的麥地那（Al Madinah）。

　　聖殿山上有兩座清真寺：一是在穆罕默德抵達耶路撒冷之處建造的阿克薩清真寺（al-Aqsa Mosque），一是在他昇天之處的岩石上所建造的圓頂清真寺（Qubba al-Sakhra）。這兩個清真寺所在之地，在阿拉伯語中稱為 Haram al-Sharif（高貴的聖域）。

　　由西元一○九九年起將近一世紀間，耶路撒冷遭基督教的十字軍佔領，卻是伊斯蘭教的聖地。自十字軍手中奪回耶路撒冷

哭牆

（以色列觀光局提供）

東耶路撒冷的猶太人屯墾區

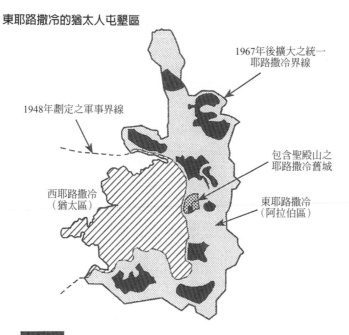

1967年後擴大之統一
耶路撒冷界線

1948年劃定之軍事界線

包含聖殿山之
耶路撒冷舊城

西耶路撒冷
（猶太區）

東耶路撒冷
（阿拉伯區）

█ 猶太人屯墾區　（資料來源：《新伊斯蘭教事典》，平凡社）

後，耶路撒冷由穆斯林統治，但也對基督教徒、猶太徒開放；中世紀時遭到迫害的猶太人，不少人遷居到這裡。耶路撒冷雖爲阿拉伯的都市，卻因此發展爲三大宗教的共同聖地。

　　然而十九世紀時，天主教教會基於政治理由，主張猶太教徒在耶路撒冷具有優越地位，於是與穆斯林產生紛爭。到了二十世紀，猶太復國主義（Zionism，亦稱錫安主義）興起，愈來愈多猶太人希望重建自己的國家，而要求歸還耶路撒冷，因而引發爭端。

　　一九四八年，以色列建國，但第一次中東戰爭後，耶路撒冷被以色列及約旦分割（西邊屬以色列人，東邊屬約旦人），因爲聖地位於約旦，猶太人因此無法造訪。

　　不過，一九六七年六月，以色列在第三次中東戰爭（該年六月五日，以色列大舉突襲埃及、敘利亞和約旦，戰事於六月十一日結束，故又稱爲「六日戰爭」）中擊敗阿拉伯人，得以統治東、西耶路撒冷。此後耶路撒冷繼續由以色列統治，一九八〇年，以色列宣布統一的耶路撒冷爲其永久不可分的首都，但未獲國際社會認可，耶路撒冷實際上仍是東、西分裂。此後，巴勒斯坦和以色列之間也因耶路撒冷而持續發生流血事件，這也是巴勒斯坦問題似乎永遠無解的一大要因。耶路撒冷有違其「和平之都」之名，其實是個紛爭不斷的城市。

希伯來、以色列、猶太人

　　被逐出伊甸園的亞當與夏娃，生下了該隱與亞伯。後來，該隱殺死亞伯，其子孫被選出成爲諾亞的家族。根據《聖經》的說法，全世界的人類都是諾亞之子閃、含及雅弗（Japheth）的後代。閃的子孫遷至亞述、阿拉伯半島、以色列及西亞，含的子孫遷至埃及、非洲、迦南（今巴勒斯坦），雅弗的子孫則分布於地中海周邊各國。

　　閃的後裔中，一位名叫亞伯拉罕（Abraham，阿拉伯文爲Ibrahim）的男子住在美索不達米亞（當時稱爲Chaldean）的烏爾（Ur，今伊拉克南部 Tell Muqqayyar），但唯一而絕對的上帝敦促他遷居他地。亞伯拉罕攜家帶眷，來到迦南人居住的地區時，上帝現身對他說道：「我要把這地賜給你的後裔。」（〈創世紀〉第十二章第七節）此外，希伯來（Hebrew）一詞的語源 Eber 是指「對面」，而從迦南望去，亞伯拉罕一家就是從幼發拉底河的對面遷移過來的。而迦南地區後來被稱爲巴勒斯坦（Palestina），是因爲非利士人（Philistines）於西元前十二世紀左右由地中海北部遷居此地之故。

　　雖然上帝爲亞伯拉罕家族指引了居住地區，但根據《聖經》及古埃及史記載，大約在西元前二十世紀，此地發生飢荒，亞伯拉罕家族便逃至豐裕的埃及。但在埃及生活不久後，亞伯拉罕一家便重返迦南，後來生下兩個兒子。先是跟女僕夏甲（Hagar）生下以實瑪利（Ishmael，阿拉伯文爲 Ismailiya，後來成爲伊斯

古埃及拉美西斯三世時代的非利士人　石刻呈現埃及軍隊與「海洋民族」非利士人在地中海交戰的場面。非利士人後來在西元前十二世紀初，開始移居西亞的西南部。（埃及，路克索〔古稱底比斯〕，拉美西斯三世墓室浮雕）

蘭教派之一），後來與妻子撒拉生下以撒。上帝在迦南與以撒立約，賜福以實瑪利：「我必賜福給他，使他昌盛極其繁多，他必生十二個族長，我也要使他成為大國。」（〈創世紀〉第十七章二十節）

　　事實上，在猶太教、基督宗教、伊斯蘭教中，從亞當到亞伯拉罕的典故完全相同。但此後在伊斯蘭教則發展是：亞伯拉罕與以實瑪利建造了麥加的天房。而亞伯拉罕建造的圓頂祭壇，則成為先知穆罕默德昇天之地。

　　上帝曾現身以撒之子雅各面前，說道：「你與神與人較力，都得了勝。」（〈創世紀〉第三十二章二十八節）因此，雅各被稱

爲「以色列」（意指「神之戰士」）；上帝還說雅各的子孫將增加，成爲一國之子民；「以色列」的稱呼就是源於此時。

到了雅各之子約瑟的時代，整個家族再度遷居埃及，理由同樣是迦南地區發生飢荒。迦南地區雖被形容爲「流奶與蜜之地」（a land flowing with Milk and Honey），但每當遭受飢饉侵襲就投靠埃及，這可說是巧妙安排的情節。

根據《聖經》，約從西元前一六五〇年起四百年間，約瑟的子孫接受埃及援助，但後來則有摩西的「出埃及記」。《聖經》記載，雖然他們在埃及統治下飽嚐痛苦，但離開埃及在荒野中流浪時，許多人後悔捨棄在埃及豐衣足食的生活，卻絕口不提曾遭受埃及迫害。

他們從西奈半島徬徨地往迦南前進，在西元前十三世紀以「以色列」爲民族之名，抵達迦南地區定居。西元前十一世紀時，建立了繁榮的以色列王國，並在耶路撒冷建造神殿。然而到了西元前十世紀，猶太王國與以色列王國分裂，後來以色列王國滅亡。西元前五八六年，巴比倫帝國征服猶太王國，將猶太國王及一萬名猶太人擄往巴比倫，成爲「巴比倫之囚」；猶太王國的人民被稱爲「朱迪亞人」（Judea，一作 Judaea）。猶太王國瓦解後，有些猶太人留在國境內，也有不少人逃到埃及等周邊國家。耶路撒冷的神殿遭徹底破壞，他們的民族之本只剩下《聖經》。猶太人不渴求國土、《聖經》即爲祖國的想法，可以說誕生於此時。

西元前五三八年，猶太王國的人民獲准返回故土「朱迪亞」（譯註：古巴勒斯坦南部，包括現今巴勒斯坦南部及約旦西南

部）。他們在耶路撒冷重建神殿，但很多巴比倫之囚儘管在巴比倫過著悲慘的生活，卻留在巴比倫。而逃至埃及的猶太人也定居當地，不再返回家鄉。這是猶太人「大分散」（Diaspora，希臘文）的開始。

雖然有人認為大分散始於西元七〇年，當時羅馬軍隊破壞神殿並使猶太人喪失國土，但此時已有記載指出「很難找到沒有猶太人的地方」。也有一說指出，一三五年時，羅馬皇帝迫害猶太人，將猶太人全數放逐國外；然而當時卻有近兩百萬名猶太人遷移到以色列北部的加利利（Galilaia，太巴列湖西側地區），直到現代。

反猶太主義

希特勒屠殺猶太人的事件，眾所周知。希特勒的變態、殘暴不容否認，但猶太人遭全世界（尤其是歐洲人）排斥，也是不爭的事實。雖然表面上並不承認，但猶太人在職業、居住地區等方面都遭受差別待遇。許多人認為當今國際社會不該如此歧視，但實際上很多人打從心坎裡歧視猶太人。尤其是基督教徒，由於猶太人在基督教成立過程中的表現，他們對於猶太人的歧視相當根深柢固。

根據《新約聖經》〈馬太福音〉、〈馬可福音〉、〈路加福音〉、〈約翰福音〉的記載，基督教徒無法原諒猶太人，是因為猶太人逮捕了耶穌、把他釘在十字架上。負責審判的羅馬總督儘管因罪

證不足而有意釋放耶穌，但猶太人民異口同聲地嚷著：「殺了他！」甚至，猶太人還遷怒羅馬總督在逾越節（Passover）時特赦的人。羅馬定基督教爲國教後，在耶路撒冷興建教堂，使之成爲基督教的聖地，不准猶太人進入。

猶太人認爲自己才是唯一而絕對的上帝唯一的選民，這也是他們遭到排斥的另一個原因。如前所述，伊斯蘭教在傳教過程中超越種族、民族的界限，將信徒納入「穆斯林」甚至「阿拉伯」體系中；基督教同樣超越人種、民族、語言的侷限。反之猶太教卻宣稱猶太人「與上帝訂有聖約」、是「上帝的選民」、猶太教是猶太人的宗教，具有強烈的民族認同感，引起他人的反感。雖說猶太教徒自我封閉主要是因爲曾經遭受迫害，但若只有特定的人受到待別待遇，當然會令人既羨且妒。

猶太人就這樣在歷史中蹣跚而行。羅馬帝國以降及至現今世界，都是由基督教徒掌握世界主導權，這是猶太人遭受迫害最主要的原因。

猶太人遭受的迫害

希特勒信奉亞利安民族至上主義，認爲猶太人是各國及各文化的寄生蟲、文化的破壞者，因而屠殺了至少四百萬名猶太人，也有一說是六百萬人。相較於希特勒的昭彰暴行，歐洲各國對猶太人的迫害雖不引人注目，但其程度實與希特勒不相上下。如前所述，羅馬帝國定基督教爲國教，當時版圖已拓展到歐洲，對猶

太人的迫害範圍也隨之擴大。羅馬帝國禁止境內的猶太人與基督教徒通婚，也不准他們雇用基督教徒爲奴隸。西元六世紀時，更禁止猶太人擁有土地，剝奪他們一切權利。儘管如此，猶太人有的成爲農民、有的成爲技師（金工技師、玻璃製造者、皮革技師、染工、織工等），逐漸爲當地社會所同化。

因爲基督教徒到耶路撒冷朝聖時遭到攻擊、掠奪，羅馬教皇烏爾班二世（Urban II, 1042-1099）於一〇九五年下令，要從當時的統治者阿拉伯人手中奪回這個聖地。在聖職人員號召下，很快就成立了十字軍，但原本應進軍巴勒斯坦，卻對身旁的猶太人進行迫害。猶太人的住家或店面遭焚燬、破壞，不少人淪爲難民。這種暴行持續到十三世紀，許多猶太人死於非命。當時，猶太人不能與基督教徒穿著相同的服裝，必須佩帶布塊顯示猶太身份，此外，也無法擔任官職。猶太人的社會自由遭剝奪殆盡，自然地，他們被趕到猶太人街，也就是猶太人貧民窟（ghetto）的前身，飽受歧視。

此外，猶太人因謠傳而遭受迫害的情形也不少。例如傳言指出，他們的先祖既然會把基督釘上十字架，後裔仍會將基督教徒當作犧牲品。他們抽基督教徒的血，沾在沒發酵的麵包上烘烤，以示慶祝。此外，天主教堂做彌撒時分給信眾的聖餐——一種小而扁平的麵包，是根據基督「最後的晚餐」典故而來，象徵基督的身體。然而，傳說猶太人偷出這麵包，用針刺、打碎、煮爛，讓麵包流出血來。

十四世紀黑死病的流行，也被認爲是猶太人的陰謀，猶太人

在井裡下毒的傳言廣爲流傳。因爲猶太人不常和一般基督教徒接觸，感染黑死病的人比較少，讓人更加懷疑他們。每當有不幸事件發生就歸咎於猶太人，因此猶太人多次遭受屠殺與掠奪。

一九二三年日本發生關東大地震時，有傳聞指朝鮮人乘機反叛，造成許多朝鮮人喪生，這起事件屢屢成爲爭論的話題。由上述這些例子看來，對於憎恨的對象，人的反應和思考沒什麼改變，也許是無法控制的事。在日本江戶時代（一六〇三至一八六八年），幕府把基督或聖母瑪麗亞的肖像放在地上令村民踐踏（稱爲「踏繪」），以辨別他是否爲基督教徒。若因此發現基督教徒，則處以「磔刑」（綁在柱子或十字架上刺死）。中古世紀時，西班牙也是這樣對待猶太人。

從八世紀起近八百年的時間，伊比利半島的廣大地域也被穆斯林統治。當時有許多猶太人定居西班牙，他們支持侵略該地的阿拉伯人，並且取阿拉伯式名字、使用阿拉伯語。猶太人在社會各階層都非常活躍，有的人擔任政府高官、學者、醫師，有些人務農、從商或擔任勞工，十四世紀開始，西班牙卡斯提爾王國等基督教王國，開始迫害社會上頗具份量的猶太人。

西班牙逼迫猶太人選擇「改變信仰或處死」，並且掠奪或屠殺猶太人。此外，爲了讓「潛在的猶太人」現身，西班牙人暗中調查是否有人有不吃豬肉、遵守斷食日等猶太人習慣，有嫌疑的人不但會被拷問、沒收財產，還可能遭放逐、處死。一四七九年，西班牙完成收復國土運動後，整個伊比利半島成爲基督教、天主教徒的土地。西班牙還下令驅逐所有猶太人，此時約有十萬至二

十萬名猶太人離散到歐洲各地。

逆境造就的財力與才智

在受人迫害、虐待的逆境中，很多人就此屈服，但也有人愈挫愈勇，反而發揮偉大的才能。能超越歧視、贏得他人的尊敬，甚至成為文化先驅的猶太人，歷史上屢見不鮮。

猶太人最活躍的領域，是十世紀開始的商業、金融業。這是因為跟「貨幣」有關的工作被視為「拜金」的象徵、在宗教上遭到否定，教會往往硬推給猶太人；「骯髒的差事都交給猶太人」的說法就是這麼來的。然而諷刺的是，由於猶太人離散各地，反而有助於他們在世界各地建立聯絡網。一般說來，和外國人往來時得解決語言的障礙，但猶太人有希伯來語這個共通語言，到哪裡都不會感到不自在，這和他們的成功習習相關。眾所周知，中古世紀時猶太人即藉著絲路往來於中國與歐洲之間。

猶太人開始從事金融業還有另一個原因。法令禁止猶太人和基督教徒同住在都市裡，而在郊區從事農業也只能當佃農，備受壓榨。然而若是經營金融業，就可以住在都市裡。對猶太人來說，職業選項相當有限。

利息這類制度面的問題是由教會掌管，猶太人無權決定，儘管如此，還是有猶太人發達起來。建造教會時，基督教徒有時會向猶太人調頭寸；發生戰爭時，為了調配武器，也會向猶太人融資。最後，猶太人的財力雄厚到足以左右國家權力。基督教徒對

此當然不會坐視不管，不久後，基督教徒把猶太人的工作搶了過來，但仍無法阻擋他們飛黃騰達。

目前境內猶太人最多的國家，是美國。美國的猶太人號稱有六百萬人，比以色列的猶太人還多了一百萬人左右。紐約的人口至少有三成、也就是兩百萬名左右是猶太人，因此紐約有個綽號叫「猶約」（Jew York）。

前文提到，大概在十七世紀後半葉，遭西班牙驅逐的猶太人開始遷居新大陸。十九世紀時，猶太人大舉移居新大陸。當時歐洲發生法國大革命等事件，歐洲人對猶太人實施同化政策，但本質上仍是迫害猶太人。為了尋求新天地，猶太人便遷移到美洲大陸，這時期移居的主要是歐洲中部來的德裔猶太人，一八六〇年左右約有一萬人居住在新大陸。他們主要經營金融業及商業，並且銷售雜貨、衣料等給基督教徒。有不少德裔猶太人投資銀行、經營百貨公司而致富。

十九世紀末至二十世紀初，東歐、俄國的猶太人也有所行動。許多猶太人為了得到與其他民族相同的權利，而參與俄國革命，因此得以走入俄國的政治、文化各領域。然而到了史達林時代，根據他的民族理論（一九一二年，擔任《真理報》編輯的史達林為了解決俄境內民族自決的問題，寫成《馬克思主義和民族問題》，以歷史唯物論的角度定義「民族」一詞），猶太人的權利遭到剝奪，遭受的迫害也日益嚴重。此時猶太人遷居美國的風氣很盛，美國的猶太人增加為兩百萬人。他們抵美之初大多跟人分租房屋，之後逐漸經營不動產，也有很多人從事衣料、皮革的製

造、批發。

猶太人在美國經營的事業當中，最引人注目的，大概是電影業。

現在的電影業給人的印象是尖端科技的產業，但在十九世紀末的草創期間，卻是令人不屑一顧的行業。相較於出版書籍，電影是窮人、沒文化階層的低級娛樂，頗受上流社會輕視。然而，猶太人卻能預見電影業的榮景。低消費、輕鬆，再加上當時的電影是默片（默片約發明於一八六○年，同步配音的電影則大約在一九二○年代出現），在眾多民族聚集的美國，電影可以跨越語言障礙、大受歡迎。猶太人經營的電影院擴展到全美，他們靠著這股財力，打造了好萊塢。派拉蒙（Paramount）、福斯（Fox）、環球（Universal）、米高梅（MGM）、華納（Warner）等，都是猶太人的產業。

在其他業界，例如廣播界、以牛仔褲為代表的布料產業等，成功的猶太人也大有人在。猶太人在美國能如此發達，他們的命運和遭遇可以說起了很大的影響。

前面提過，離散各地的猶太人所建立的猶太民族網，在世界各地擴張，對於猶太人擴展其事業有很大的貢獻。此外，猶太人若不會讀《聖經》會被視為有罪，因此識字率很高、語言能力很強。再者，由於他們曾遭受迫害、歧視，很多人不會招搖，而過著樸實的生活。猶太人不會跟基督教徒的統治者或富裕階級往來，所以也不會因交際而奢侈浪費。

歐美列強操弄下的建國與紛爭

　　西元元年左右開始離散的猶太人，曾遭受各種迫害，生活在社會的底層。但法國大革命時主張「實踐近代公民社會」，猶太人遭隔離的問題因而浮上檯面，當權者開始授予猶太人公民權，

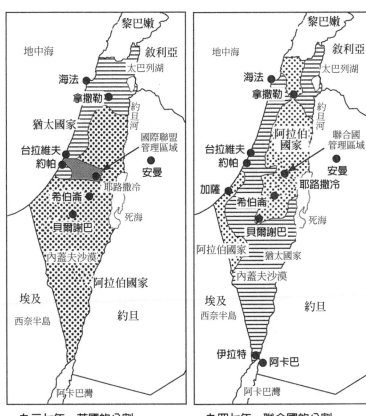

一九三七年，英國的分割
（資料來源：《新伊斯蘭教事典》，平凡社）

一九四七年，聯合國的分割

並對其施行同化政策。

十九世紀時，猶太人看似與歐洲各國社會同化，其實對他們的歧視仍然存在。歧視猶太人的人因為擔心猶太人融入當地社會，因此更加仇視他們。不論是壓榨別人的資本家、企圖發動陰謀或革命的社會主義者、煽動輿論的記者、乃至於貧民等危險份子等，都批評猶太人是社會的弊害。不知不覺中，西歐有些人認為，要解決社會不安題，除了消滅猶太人，別無他法。後來將這想法付諸行動的，就是納粹黨的希特勒。

主張不該同化猶太人的人認為，應該把猶太人全數逐出自己的國家。猶太人則認為，他們遭受偏見與迫害，是因為沒有自己的國家、人數太少，因此他們願意回歸錫安（Zion，耶路撒冷的別名）。雖然兩者動機大異其趣，卻都促成猶太人邁向建國之路。

一九一七年，第一次世界大戰期間，猶太科學家魏茲曼（Chaim Weizmann, 1847-1952，猶太復國主義者）為英國開發新炸藥，對英國戰勝有所貢獻。當時英國外交部長貝爾福（Arthur James Balfour, 1848-1930）是魏茲曼的朋友，為了答謝魏茲曼，他寫了一封信表示支援猶太人在巴勒斯坦地方建國，將之送交猶太裔英國貴族羅思柴爾德（Lionel Walter Rothschild, 1868-1937）。這封信史稱「貝爾福宣言」（Balfour Declaration），它促成了以色列建國。

然而在此前兩年（一九一五年），英國駐埃及與蘇丹的前高級專員麥克馬宏（Henry McMahon, 1862-1949）對阿拉伯人承諾，如果阿拉伯能反抗當時與英國作戰的土耳其，將把中東與近東的

領土授與阿拉伯。然而，英國更背著阿拉伯人與法國、俄羅斯協議戰後瓜分中東地區，以進行直接統治。此後發生永無止盡的戰爭，造成數萬人傷亡，英國責無旁貸。

二十世紀初，居住在巴勒斯坦的猶太人不到三萬人。然而受到貝爾福宣言影響的猶太人，則以巴勒斯坦的開拓者自居，遷移當地。另外也有不少人感受到納粹德國的威脅，而移居巴勒斯坦。原本居住在巴勒斯坦的阿拉伯人會和猶太人起衝突，不是沒有道理的。

一九二一年，巴勒斯坦成為英國的託管地，首度與土耳其統治的中東領地劃清國界，開始確定「巴勒斯坦」這地域的範圍。巴勒斯坦地方的住民自稱「巴勒斯坦人」，以跟阿拉伯人區別。

一九三六年，阿拉伯人對猶太開拓者進行大規模的恐怖攻擊；但此時仍約有十五萬名猶太人由歐洲移居巴勒斯坦。

一九三九年，英國人限定此後五年間，遷入巴勒斯坦的猶太人不得超過七萬五千人。這時正值希特勒大量屠殺猶太人，有許多人從歐洲逃難到巴勒斯坦。但英國非常無情，不准載有猶太人的船隻靠岸，將他們原船遣返，造成許多人死亡。

英國遭受來自猶太人及阿拉伯人的壓力，由於擔心恐怖行動帶來危險，便於一九四七年將巴勒斯坦問題委交聯合國處理。聯合國立刻決定將巴勒斯坦劃分為猶太人國家及阿拉伯人國家，原來居住此地的阿拉伯人當然不能接受。

一九四八年五月十四日，英軍撤出巴勒斯坦。本古里安（David Ben-Gurion, 1886-1973，以色列首任總理）在台拉維夫

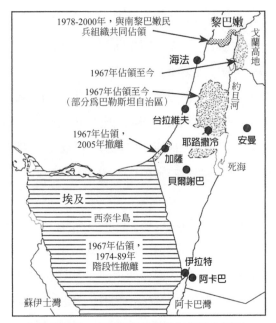

1978-2000年，與南黎巴嫩民
兵組織共同佔領

黎巴嫩

戈蘭高地

海法

1967年佔領至今

1967年佔領至今
（部分爲巴勒斯坦自治區）

約旦河

台拉維夫

1967年佔領，
2005年撤離

耶路撒冷

安曼

加薩

死海

貝爾謝巴

埃及

西奈半島

1967年佔領，
1974-89年
階段性撤離

伊拉特

阿卡巴

蘇伊士灣

阿卡巴灣

一九四八年第一次中東戰爭後的以色列佔領區

（Tel Aviv）發表以色列獨立宣言。翌日，埃及、約旦、伊拉克、
敘利亞及黎巴嫩爲阻止以色列建國，一起發動攻擊，引發第一次
中東戰爭。阿拉伯的強大陣容令以色列岌岌可危；然而出乎意料
地，以色列以少數精兵打了勝仗，此次戰爭實質上成了以色列獨
立戰爭。住在巴勒斯坦的約一百萬名阿拉伯人，因而成爲「巴勒
斯坦難民」，四處漂泊。爲了這些難民，巴勒斯坦解放組織（PLO）
於一九六四年成立。一九六九年，阿拉法特（Yasser Arafat,
1929-2004）就任主席。

　　一九七三年，第四次中東戰爭爆發，起初埃及、敘利亞占上

風，後來以色列扭轉局勢，保住了在巴勒斯坦的實權。石油輸出國組織在波斯灣的六個成員國藉此機會迫使原油公告價格上漲，削減原油生產量，並且禁止輸出石油給支援以色列的國家，於是引發第一次石油危機。

　　巴勒斯坦解放組織發動劫機等恐怖攻擊活動，希望國際社會解決巴勒斯坦問題。但以色列仍持續佔領巴勒斯坦，問題遲遲無法解決，巴勒斯坦民眾失去耐心，便於一九八七年在加薩地區、約旦河西岸發起「抗爭風潮」（Intifada，阿拉伯文，指民眾群起暴動。亦有「驅逐」之意，指將以色列人趕出自己的土地；此為巴勒斯坦人「第一次武裝抗爭」。參見《伊斯蘭的世界地圖》，時報文化出版）。

　　一九八八年，阿拉法特在日內瓦舉行的聯合國特別總會中發表演說，宣布要建立巴勒斯坦國家，並主張放棄恐怖活動、承認以色列的生存權。一九九〇年，伊拉克侵略科威特，引爆波斯灣戰爭；戰爭結束後，灣岸各國不再提供巴勒斯坦解放組織財政援助，因此巴勒斯坦更傾向與以色列和平共處。

　　例如一九九一年十月，中東和平會議在西班牙首都馬德里召開；一九九三年九月，以、巴雙方在美國華府簽署「奧斯陸協議」（Oslo Agreement，亦稱為「巴勒斯坦自治原則宣言」〔Declaration of Principles On Interim Self-Government Arrangements〕），互相承認巴勒斯坦自治與以色列的生存權。一九九四年，簽署這項協定的巴勒斯坦解放組織主席阿拉法特與以色列總理拉賓（Yitzhak Rabin, 1922-1995）、外交部長佩雷斯（Shimon Peres），共同獲得

諾貝爾和平獎。

不過一九九五年十一月，以色列總理拉賓遭到反對和平的猶太青年射殺身亡，以、巴和平共生之路再度受阻。在以色列，執政黨勞動黨（Labour Party）主張和平推進以、巴進程，在野黨聯合黨（Likud Party）則持反對立場。一九九六年，聯合黨的納坦亞胡（Benjamin Netanyahu）擔任總理；一九九九年，勞動黨的巴瑞克（Ehud Barak）繼任總理，但以、巴和平並沒有很大的進展。

二〇〇〇年，美國在大衛營會談中提議分割耶路撒冷，以、巴和平似乎露出曙光，但阿拉法特拒絕這項提議。對此，同年九月，以色列在野黨主席夏隆（Ariel Sharon）踏入伊斯蘭教聖境「聖殿山」以示挑釁，引爆動亂。此後不斷發生自殺炸彈恐怖攻擊，以、巴對立愈來愈嚴重，流血事件層出不窮。

二〇〇一年九月十一日，美國發生多起恐怖攻擊事件，史無前例，震驚全球。美國因此宣布要全面對抗恐怖活動，並表明積極實現中東和平的決心。阿拉法特也宣布禁止自殺攻擊等所有武裝鬥爭。二〇〇二年三月，沙烏地阿拉伯的阿不都拉王子（Abdullah bin Abdul Aziz Al Saud，後於二〇〇五年就任國王）提議以色列從佔領地撤離，以促使阿拉伯各國與以色列關係正常化，阿拉伯首腦會議也認可這項提議。但恐怖活動仍沒有停息。

甚至，自二〇〇二年開始，以色列在與巴勒斯坦的邊境上築起高牆，有些地方更不當侵犯巴勒斯坦的領域。以色列認為，這道高牆可有效防止恐怖攻擊或犯罪，並計劃全長為六二二公里。

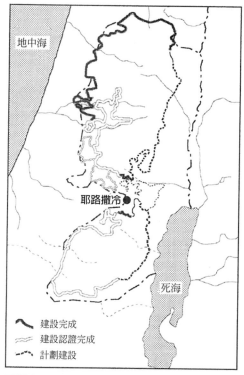

地中海

耶路撒冷

死海

建設完成
建設認證完成
計劃建設

巴勒斯坦的以色列隔離牆（2004年）

但這道高牆奪走了巴勒斯坦人的土地，使他們與家人分離，這類
不幸事件層出不窮。

二○○三年四月，美國、歐盟、俄羅斯、聯合國共同發表「（以
巴和平）路線圖」（Roadmap for Peace），希望以、巴兩國達成和
解，以、巴雙方也都表示接受。同年六、七月，布希總統、巴勒
斯坦總理阿巴斯（Mahmoud Abbas）與以色列總理夏隆，在約旦

阿卡巴（Aqaba）舉行高峰會議。於是以色列自部分巴勒斯坦自治區撤離，並且放寬封鎖及移動自由，巴勒斯坦也表示激進派暫時停戰，並著手舉發部分激進人士。

二〇〇四年，聯合國總部通過決議案要求撤除高牆，國際法庭也表示築牆是違法行為，但以色列置若罔聞。同年十一月，阿拉法特去世，阿巴斯繼任巴勒斯坦解放組織主席，並於二〇〇五年一月擔任自治政府總統。

二〇〇五年四月，美國總統布希與以色列總理夏隆進行會談，同年八月決定讓以色列撤離加薩走廊的屯墾區。不過這也代表以色列將不會撤離約旦河西岸的屯墾區，甚至有意擴大勢力範圍。八月十七日起，以色列軍隊開始撤離加薩走廊，加薩的屯墾區跟著解體。

二〇〇六年一月，巴勒斯坦舉行大選，美國、歐盟等視為恐怖組織的哈瑪斯（HAMAS，阿拉伯文「伊斯蘭反抗運動」的簡稱）打敗法塔組織（FATAH，又譯「巴勒斯坦民族解放運動」），成為第一大黨。哈瑪斯的哈尼亞（Ismail Haniya）當選總理，位居法塔組織的阿巴斯總統之下。哈瑪斯是巴勒斯坦民眾在「抗爭風潮」時建立的組織，以加薩地區為據點。

六月二十七日，阿巴斯總統與哈尼亞總理根據一九六七年通過的聯合國停戰決議，確認了以、巴國境。但以色列拒絕接受。儘管以色列遭受國際譴責，仍仗著有美國這個後盾，態度強硬地擴大了屯墾區。

以、巴紛爭似乎永無寧日。哈瑪斯綁架以色列士兵，要求釋

放關在以色列監獄的巴勒斯坦人。六月二十八日，以色列因此擴大侵略加薩走廊，和平之路並非坦途。

黎巴嫩，外抗以色列、內有宗教紛爭的國家

中東國家黎巴嫩向來紛爭不斷。一九九一年內戰結束後，照理說可以看見復興重建的跡象，但黎巴嫩仍戰亂頻繁。原因何在？以下先就黎巴嫩的歷史來分析。

黎巴嫩位於地中海沿岸，曾有「地中海之珠」美稱，因觀光事業而繁榮。黎巴嫩這個名稱即有「白色（雪山）」之清淨含意。黎巴嫩地形南北狹長，高達二千公尺的黎巴嫩山脈（Mt. Lebanon）縱貫其間，冬季時白雪皚皚，從地中海望去令人印象深刻，因此，黎巴嫩又稱爲「中東的瑞士」。然而，如此美麗的國家，因爲內戰不斷、與以色列抗爭，導致百廢待舉。

古代的黎巴嫩是腓尼基人的國家。相對於黎巴嫩的「白」，腓尼基代表「深紅色」（火鳳凰頭冠的顏色），形成有趣的對比。約從西元前三千年起，這裡是供給埃及或美索不達米亞木材的集散地。這片土地資源豐富，加上腓尼基人擅長造木船、精通航海技術，因此自西元前十三世紀開始進出地中海各地、建設都市。

西元前六世紀，腓尼基人以北非的迦太基（Carthago，今突尼西亞）爲中心，掌握地中海霸權。此外，他們擁有腓尼基文字（今日英文字母之源），並透過貿易吸收周邊各國的文化，與鄰國相較自視甚高。黎巴嫩人以身爲腓尼基後裔而自豪，二十世紀後

半葉，信仰基督教馬隆教派（Maronites，屬於東正教）的黎巴嫩人更興起腓尼基主義運動，頌揚其民族優越性，提倡文化復興與傳承。

在羅馬時代，羅馬政府在黎巴嫩一帶將基督宗教定為國教，基督宗教因而廣為傳布。黎巴嫩馬隆教派的中心思想，是西元五世紀時神聖羅馬帝國主張的基督一志論（Monothelism，認為人的意志與神的意志並不衝突，基督為神人合一，只有一個意志），西元六八〇年時，在君士坦丁堡會議中被視為異端。後來馬隆教派教徒為躲避希臘正教、穆斯林的紛爭，隱居山林，因此未遭迫害而得以延續。

二〇〇六年六月之黎巴嫩與以色列

十一世紀時，伊斯蘭教德魯茲派（Druze，什葉派之一支）也以山岳地區為據點。此時，馬隆教派以北部山區為地盤，南部山區則為德魯茲派的勢力範圍。但隨著人口增加，兩者間的衝突是遲早的問題。一八六〇年（鄂圖曼土耳其帝國統治時期），發生德魯茲派屠殺馬隆教派的事件。

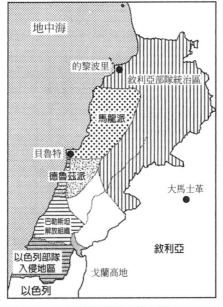

的黎波里

敘利亞部隊統治區

地中海

馬龍派

貝魯特

德魯茲派

大馬士革

巴勒斯坦
解放組織

以色列部隊
入侵地區

敘利亞

戈蘭高地

以色列

一九八〇年代黎巴嫩國內勢力圖

此時，法國援助馬隆教派，確保了馬隆派自治區。

　　第一次世界大戰時，鄂圖曼土耳其帝國瓦解，黎巴嫩與敘利
亞成為法國的託管地。黎巴嫩以自治區為本，與敘利亞劃分國
界，並於一九四三年獨立。黎巴嫩雖然接受法國援助，但實權操
在當時最大宗派馬隆派教徒手中。在民主國家中，各政黨都可以
推出參選人，但此時的黎巴嫩則根據〈黎巴嫩國民協定〉，以各
宗派的人口比率來決定國會席次。當時多數黨為基督教徒，其次
為穆斯林，兩者差距不大，比例約為六比五。

　　然而一九六〇年代，穆斯林人口顯著增加。不甘心放棄主權

的馬隆派教徒拒絕施行宗派人口調查（八〇年代時大規模調查的結果，基督教徒爲一百一十萬人，穆斯林爲一百九十萬人）。在當時，強硬的穆斯林與被迫撤出約旦的巴勒斯坦解放組織結盟，以消滅基督教爲目標。

一九七五年，黎巴嫩爆發內戰，戰事持續一年九個月，因敘利亞軍隊介入而停戰，總計六萬人死亡、一百七十萬人受波及，黎巴嫩國力因此大衰。巴勒斯坦解放組織於是趁虛而入，佔據黎巴嫩南部，作爲進攻以色列的游擊隊之大本營。二十世紀末，以色列軍隊空襲黎巴嫩，就是導因於這層背景。

此外，敘利亞軍隊駐紮黎巴嫩，也是內戰的主因之一。由於巴勒斯坦解放組織佔據南部，並與以色列開戰，促使原本居住此地的什葉派教徒逃到首都貝魯特。一九八〇年代，在內戰發生前握有主權的遜尼派，因爲主權之爭而與德魯茲派發生抗爭。至於基督教馬隆派教徒之間，也展開親、反敘利亞派之爭，導致黎巴嫩國內局勢日益混亂、民生凋敝。

阿拉伯各國爲解決黎巴嫩問題，於一九八九年在沙烏地阿拉伯的塔伊夫（Taif）召開會議，改善教派不平等問題，並達成部分敘利亞軍隊撤退的協議，此即〈國民和解憲章〉（National Reconciliation Accord，又稱〈塔伊夫協定〉〔Taif Agreement〕）。然而一九九〇年敘利亞撤軍期間，反對勢力發動數次總體戰，結果，敘利亞再度介入而終結了戰爭。後來，基督教徒與穆斯林的國會席次比例，從原來的六比五變更爲五比五，眞主黨以外的民兵組織都解除武裝，並且每四年實施一次政治選舉，黎巴嫩終於

開始推動國內正常化。綜觀上述歷史，即可得知爲什麼黎巴嫩有「宗教馬賽克國家」之稱。

內戰結束後，黎巴嫩急速推動國內復興。二○○○年五月，以色列軍隊撤離黎巴嫩南部，之後，眞主黨就以黎巴嫩南部爲據點。正因如此，此後黎巴嫩仍無法脫離敘利亞的影響。

事實上，黎巴嫩原訂於二○○四年十一月舉行總統大選，但敘利亞決定延長親敘利亞的總統拉郝德（Emile Geamil Lahoud）三年任期。國際社會對這樣的發展施壓，在黎巴嫩國內，主張彈性因應國際壓力的總理哈里里（Rafic Hariri）則與拉郝德總統形成對峙。

二○○四年十月，哈里里辭職，但於翌年二月遭暗殺身亡。此後在貝魯特市區或近郊的基督教徒居住區，不斷發生暗殺、炸彈攻擊事件，治安持續惡化。

此外，眞主黨在領土問題上仍無法取得共識。聯合國雖然確認以色列已從黎巴嫩南部完全撤離，但黎巴嫩指出，舍巴農場（Shebaa Farms，位於敘利亞、以色列邊境）仍被以色列佔領，而要求以色列撤退；眞主黨持續進行反抗運動，並發生零星交戰。二○○六年七月十二日，以色列和黎巴嫩爆發激烈戰爭，就是這些事件的延續。而戰爭的導火線，乃因眞主黨要求以色列釋放遭以軍擄走、囚禁的成員。

眞主黨在阿拉伯文中意指「神之黨」，爲什葉派組織，與哈瑪斯不同。一九八二年以色列侵略黎巴嫩之後，眞主黨成立，他們接受伊朗與敘利亞的資金援助，一方面對以色列進行武力抗

爭，另一方面則以復興伊斯蘭教、建立伊斯蘭共和國爲目標。基於伊斯蘭教相互扶助的理念，眞主黨援助貧困者，亦經營學校與醫院，對社會有所貢獻。眞主黨是黎巴嫩政府認可的政黨，也有成員擔任部會首長。

二〇〇六年八月十四日，黎巴嫩與以色列舉行停戰協議。雖然協議生效不久後雙方又發生衝突，但以軍在九月七日、八日分別解除對黎巴嫩空中、海域的封鎖，可以看出和平有望。不過，只要回顧兩國間的紛爭歷史，就不會認爲這會是永久的和平。

庫德人，爲數最多的無國之民

中東情勢瞬息萬變，其中包含一個很大的民族問題，就是庫德人（Kurd）。他們常受人利用，利用過後又棄若敝屣。

庫德人沒有自己的國家，是世上最大的失根民族。他們使用屬於波斯語系的庫德語，大多數民眾信仰伊斯蘭教遜尼派。一般認爲，庫德人總數約兩千五百萬至三千萬人。大多數庫德人住在土耳其、伊拉克、伊朗的山區，這地區稱爲庫德斯坦（Kurdistan）。

庫德人居住在這片廣大的土地上，人數組成一個國家綽綽有餘，但幾乎從來不曾擁有自己的國家。在古代，庫德人受波斯王朝和伊斯蘭王朝統治，十七世紀時，則分別受伊朗的薩非王朝（伊朗的第一個王朝）與鄂圖曼土耳其帝國治理。近代以後，庫德人雖曾發起民族主義運動，但都只是被大國利用，無法開花結果。

例如第一次世界大戰後鄂圖曼帝國瓦解，英國與法國擅自決

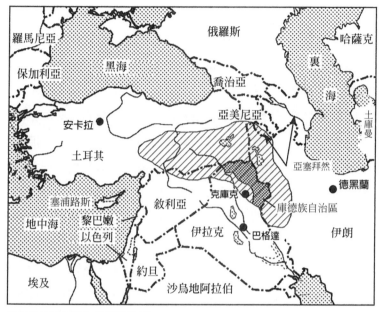

庫德族分布區域（斜線部分）

定分割其國土。根據當時提倡的「民族自決」原則，庫德人在土耳其領地建設的國家暫被承認。但英、法的目標，是希望盡可能地限制庫德人繼承鄂圖曼帝國領土的權利。不過當時凱末爾領導土耳其的民族運動獲得成功，於一九二三年建立土耳其共和國，庫德人建國之夢隨之破滅。而且，土耳其人否定有庫德人這個民族，而稱之為「土耳其山地人」，且仍舊禁止庫德人使用庫德語。

　　第二次世界大戰後國際情勢混亂，蘇聯因企圖侵略伊朗而支援伊朗庫德人的獨立運動。庫德人接受蘇聯的援助，二次大戰結束後，馬上在一九四六年一月宣布建立庫德斯坦共和國。然而不

到半年，蘇聯撤離，庫德斯坦也在當年底瓦解，獨立時間還不滿一年。雖然庫德人被蘇聯操弄，不過在庫德斯坦共和國中擔任軍隊指揮官的巴爾札尼（Mustafa Barzani, 1903-1979），後來成為伊朗庫德民族運動的領導人。

巴爾札尼是巴爾札尼族的領導者，這個族群的故鄉位於伊拉克的巴爾札尼村。他跨越國界，幫助伊朗的庫德族同胞，但因伊朗軍隊推翻庫德斯坦共和國，後來他便逃到蘇聯領地。一九五八年，伊拉克王國瓦解、改為共和制，巴爾札尼回到伊拉克，被視為庫德人的英雄而大受歡迎。巴爾札尼及其子馬蘇德·巴爾札尼（Masoud Barzani）為了爭取庫德斯坦的自治權，長期領導鬥爭。

庫德人不但在伊拉克與中央政府進行鬥爭，各國為了推翻海珊政府也利用庫德人，他們捲入他國的戰爭，死傷慘重，不少人淪為難民，其中很多是普通百姓。尤其在兩伊戰爭中，伊朗軍隊為了利用庫德人的武裝勢力而與之合作，此舉激怒了海珊政府，於是使用化學武器攻擊伊拉克境內的所有庫德人村落。另一方面，伊拉克卻也支援伊朗的庫德人，煽動其反政府運動。

此外，在波斯灣戰爭中，由於美國表明支援庫德人組織，反政府組織蜂擁而起。但最後美國食言、沒有提供支援，伊拉克軍隊獲得壓倒性勝利，再度造成大量難民。一九九一年，英、美軍隊在伊拉克北部設立禁飛區，翌年，庫德人自治區誕生了。

就像這樣，庫德人常受外來勢力操弄，不過庫德人本身也不團結。前文提及巴爾札尼父子握有實權的庫德民主黨（KOP），後來分裂出庫德愛國聯盟（PUK），雙方屢屢反目、發生內鬥，

使伊拉克的庫德民族運動發展更為複雜。庫德民主黨與庫德愛國聯盟的對立，除了因為受到外國（包括希望庫德民族主義分裂的伊朗及土耳其等國）干涉，也要歸咎於庫德人社會根深柢固的部族觀念。

儘管如此，在二〇〇五年的伊拉克選舉中，庫德民主黨與庫德愛國聯盟合組政團。庫德愛國聯盟主席塔拉巴尼（Jalal Talabani）獲選為伊拉克臨時政府的總統，二〇〇六年五月，再獲選為正式政府的總統。當時正式政府的三十七位閣員中，庫德人獲得了七席。新出爐的伊拉克憲法，則決定官方語言為阿拉伯語及庫德語。有美國為靠山的庫德人，在伊拉克國內的影響力也逐漸擴大。

有分裂之虞的伊拉克庫德問題，還有個很大的爭論。庫德斯坦地區內有一座克庫克油田（Kirkuk oilfield），但它不在自治區範圍內。克庫克是庫德斯坦南部的都市，住民原有庫德人和土庫曼人（Turkmen），但在海珊執政期間，庫德人遭強制遷出。克庫克油田的石油開採量，約占伊拉克全國石油產量的七成，庫德民族主義者因此企圖將它奪回。庫德人表示未來將以克庫克為首都，因此與阻止將它併入克庫克自治區的阿拉伯人、土庫曼人關係緊繃，部分地方也發生恐怖攻擊事件。

伊拉克的庫德勢力大增，對伊朗和伊拉克來說不容小覷。由於伊拉克庫德勢力支援伊朗國內的庫德人獨立運動，伊朗軍隊於二〇〇六年數度砲轟庫德自治區。此外，長期鎮壓庫德人的土耳其，也很擔心伊拉克庫德勢力持續擴大將會影響土耳其境內的反

體制庫德勢力。

　　由於庫德人問題成爲土耳其加入歐盟的絆腳石，土耳其表面上不得不改變「禁用庫德語」等政策。在土耳其，近年來庫德語的廣播、電視節目及出版物雖然已合法，但土耳其政府必須觀察歐洲的臉色、並對伊拉克情勢保持高度戒備，又希望盡可能抑制國內庫德勢力壯大，十分爲難。

第7章

能源爭奪戰

紅海的天然氣田

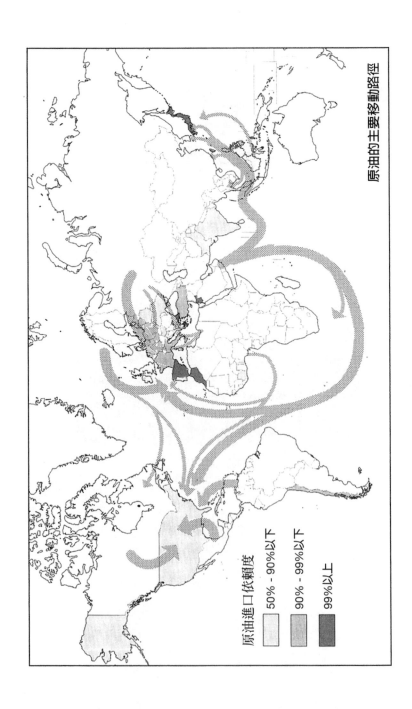

原油的主要移動路徑

原油進口依賴度

50% - 90%以下
90% - 99%以下
99%以上

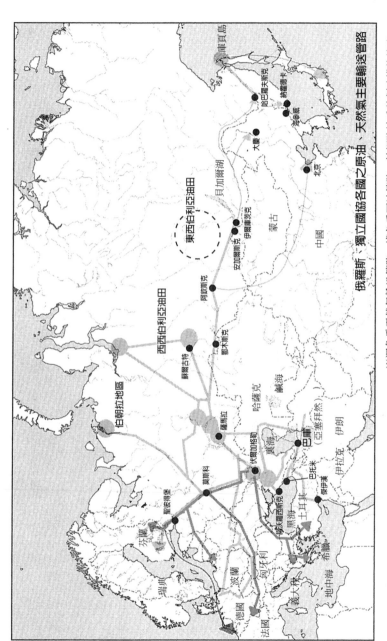

俄羅斯、獨立國協各國之原油、天然氣主要輸送管路

※深色為天然氣輸送管路；淺色為石油管路。較細路線為計劃建構的管路。

人與石油

過去國際紛爭的主因是民族、宗教問題，近年來爭奪地下資源（尤其是石油與天然氣）所引發的衝突，使國際紛爭更加複雜。例如，中國開始在跟日本有領海糾紛的海域開採天然氣，引發了中、日的資源爭奪戰。中國人口眾多，積極推動現代化，雖然國內也生產天然氣、石油等地下資源，仍不敷所需。中國為了確保資源而採取行動，瓦解了原本世界資源供需平衡的狀態。

人類開始利用石油，最早是在底格里斯河與幼發拉底河之間的美索不達米亞地區，即現今伊拉克所在地。當地居民利用地底湧出的天然柏油黏貼磚瓦、或防止水渠漏水。在古埃及，天然柏油則被拿來當木乃伊的防腐劑，後來人們還用它塗抹傷口止血。在十九世紀第二次工業革命時期，人們才開始拿石油當內燃機械的燃料，在此之前幾乎都拿來當燈油。

日本秋田市草生津川流域的八橋地區，有個地方就叫「油田」，江戶時代（一六○三至一八六八年）的古書記載，此地自古以來即生產石油。此外，秋田縣潟上市昭和地區留有開採天然柏油的遺跡，在此地區的繩文時代（舊石器時代之後至西元前三世紀左右）遺跡——槻木遺跡發掘了黏著天然柏油的繩文粗陶器，當時的人可能利用天然柏油修補龜裂的粗陶器。

根據《日本書紀》記載，西元六六八年，越國（今新潟地區）貢獻「燃土」與「燃水」給近江大津宮（今大津市近江神宮附近），

可見自古以來日本人即知道有石油這種東西。在江戶時代，石油稱爲「臭水」、「草生水」或「草水」（日語發音皆爲 Kusouzu），而秋田市草生津川的名字即源於「草生水」。到了明治時代（一八六八至一九一二年），石油因爲被拿來當燈油而廣爲普及，當時稱爲石炭油、石腦油等。現在所謂的石油，即爲石炭油、石腦油的簡稱。順帶一提，英語的 petroleum 是由拉丁文的 petra（岩、石）與 oleum（油）合併而來，即「石油」之意。

一八五五年，美國的畢塞爾（George H. Bissell, 1821-1884）在賓州成立全世界第一家石油公司；一八五九年，機械首度成功發掘油田。經過半世紀，一九〇八年，福特汽車開始量產低價的 T 型轎車，石油需求量大增，開啓了探勘油田的熱潮。

原油價格高漲

二〇〇六年後，紐約原油期貨市場的西德州原油價格指標（West Texas Intermediate, WTI），一桶原油（約一五九公升）的價格動輒超過七十美元（譯註：二〇〇七年底，原油價格曾超越一百美元關卡；二〇〇八年二月正式站上一百美元）。二〇〇五年八月底，美國南部遭強烈颶風卡崔娜侵襲，原油一度超過七十美元，當時只是暫時漲價，但自二〇〇六年起，原油價格大幅上揚已成常態。

二〇〇六年第一季，日本的油源約有八十八％仰賴中東國家供給。日本幾乎不曾自情勢混亂的伊拉克進口石油，但是約有十

二‧七％自伊朗進口。對伊朗而言，日本是最大的買家。由於對伊朗核武問題的質疑甚囂塵上，視伊朗為「邪惡軸心」一員的美國動作頻頻，要求日本說服伊朗接受視察。

日本已不再是經濟大國，做這樣的要求有困難。中國與印度來勢洶洶、與日本爭奪油源，日本不得不具有危機意識，一旦搞砸了與伊朗的關係，可能無法彌補。該選擇石油呢？還是該與美國維持友好關係？日本被迫在二者間做出抉擇。為了確保油源而不得已做出某些決策的國家，不只日本。全球瀰漫著一股不安：「如果買不到石油……」正是這股不安，影響著油價的波動。

二○○六年七月五日，北韓發射飛彈，各國深恐世界局勢將會惡化，因此一窩蜂搶購石油，一桶原油的價格飆漲到七十五美元，在當時是歷史新高。伊拉克局勢向來不穩定，阿富汗的塔利班組織（亦稱神學士組織）勢力也在增長。而以色列對黎巴嫩的真主黨進行報復，受殃及的無辜百姓逃往國外，黎巴嫩陷入戰爭。凡此種種，都使得（盛產石油的）中東局勢更加動盪。

順帶一提，日本每年的石油製品消耗量為兩億七千九百萬公秉，平均每天約消耗七十六萬公秉，換算起來，每個日本人每天約消費六公升的石油。

產油國紛爭的火種

翻開波斯灣地區的歷史，打從油田開發之初，石油利益紛爭就沒停過。最大的原因就是：油田雖然在中東，但開採者卻是歐

美的石油公司。

　　此外，第一次世界大戰結束後，歐美國家爲了互相牽制而擴大軍備，主要現代武器如戰鬥機、軍艦、戰車等，都以石油爲燃料，取得石油的利權也就相形重要。當時英國較爲強勢，在伊朗設置英伊石油公司（Anglo-Iranian Oil Co.，一九五三年改爲英國石油公司〔British Petroleum Company〕）負責開發油田，掌握了利權。

　　後來英國也在伊拉克開發油田，與荷蘭、德國企業共同設立土耳其石油公司（即後來的伊拉克石油公司）。不過，後來德國在第一次世界大戰中戰敗而撤退，由法國取而代之，而美國亦強勢要求加入。一九二八年，這個由多國組成的石油公司爲了防止石油供給過剩而限制開發，訂立了「紅線協議」（Red Line Agreement）。換言之，石油利益之爭早有徵兆，必須簽訂協定才能控制。不難想像，各國對美國都懷有戒心。

　　事實上，美國擺明不簽訂這項協定，而由加州標準石油公司（Socal，即今日的雪佛龍公司〔Chevron〕）進駐沙烏地阿拉伯。如此一來，先是造成開發油田的歐美列強因石油利益而對立，接著又導致歐美列強與產油國彼此對立。

　　油田開發之初，歐美幾乎不必擔心產油國，支付給產油國的利潤也非常少。大部分獲利都落入歐美跨國石油公司（Majors。譯註：一般指全球七大石油公司，又稱「七姊妹」）的口袋，因此招致產油國不滿。早在一九二八年，伊朗即已要求變更石油利權的條件，此舉最後演變爲日益嚴重的反英國、反帝國主義運

動。一九五一年，伊朗政府宣布石油產業國有化，正式與英國對峙。伊朗的舉動，無疑對其他產油國產生極大的影響，它們紛紛與跨國石油公司進行談判，除了希望提高產油國的利益，共同目標是要將石油產業收歸國有。

　　一九六〇年，伊朗、伊拉克、沙烏地阿拉伯、科威特、委內瑞拉五國成立石油輸出國組織，這是因為跨國石油公司掌握油田開發、原油生產計畫、出口價格的決定權，石油輸出國組織要和他們談判生產量與價格，以防止出口價格被壓低、造成產油國陷於財政困境。一九六八年，沙烏地阿拉伯、科威特、利比亞成立阿拉伯石油輸出國組織（OAPEC），目前參加的國家已經多達十國。不過這個組織的加盟國達成協議，必須遵從石油輸出國組織的決議而行事。

　　「資源民族主義」意指本國的地下資源為本國所有，隨著這種思想日益高漲，一九七一年至七三年，伊拉克、利比亞也宣布將石油資源收歸國有。一九七三年第四次中東戰爭期間，阿拉伯各國與以色列開戰，以石油輸出國組織加盟國為主的波斯灣產油國（實質上是以阿拉伯石油輸出國組織為主），發動了禁止石油出口的戰略，來對付支援以色列的美國、荷蘭，當時原油價格由每桶兩美元一口氣飆漲至十一美元，因此世界經濟大幅震盪，全球各國慘遭池魚之殃。這就是第一次石油危機。

　　這時候，產油國顯然已經比跨國石油公司占上風，後來，波斯灣產油國在七〇年代便掌握了石油產業的支配權。

　　而日本因為與美國結盟，被阿拉伯各國視為支援以色列的國

家，因此當時的副總理（國務大臣，一九七二年）三木武夫被派往中東斡旋、協調。而在日本國內，流傳著衛生紙、洗衣粉等日常用品即將缺貨的謠言；為了節省能源，百貨公司的電扶梯也暫停使用，廣播電視業界在深夜及晨間亦停止播放。

日本在能源方面極為仰賴中東，此時的態度是「即使石油再貴也要買」，這種行為也促使原油價格大漲。由於油價高漲，造成通貨膨脹，甚至還出現「物價狂亂」等用語。如今冷靜分析，當時眾人憂心的石油不足問題，其實是可以迴避的。雖然日本政府、各石油公司都曾努力搶油，但其實石油並不匱乏，當時日本的石油進口量還比前一年增加。

一九七九年的第二次石油危機，也是如此。一九七八年，伊朗發生革命，造成石油生產中斷。日本的石油進口主要仰賴伊朗，於是再次陷入石油危機的恐慌之中。一九七八年底，石油輸出國組織決定從翌年起調漲原油價格，造成油價飆漲。這種狀況同樣持續了好幾年。

產油國的領土問題

能源問題還引發另一種紛爭，那就是產油國之間的領土之爭。中東各國的國界都是筆直的，這是過去歐洲列強所劃定的。由於中東廣袤的沙漠沒有任何標記，列強便強行在地圖上拉出直線作為國界，時間大約與開始開發油田同時。劃定國界線牽涉到油田的所有權，因此成為紛爭的導火線。

在狹小的波斯灣地區，各國因爭奪國境附近的油田而爆發許多衝突。這些衝突使得各國神經緊繃，終於在一九九○年引爆大型戰爭，即波斯灣戰爭，伊拉克對科威特發動攻擊。當時的伊拉克總統海珊主張科威特本來就是伊拉克的領土，是巴斯拉省（Basra）的一部分，只是後來被英國劃分爲另一國。

事實上，科威特和沙烏地阿拉伯之間，過去也存在著領土問題。科威特的歷史始於十八世紀，當時阿拉伯半島內陸歐特伯族（Bani Utbah）部分族人遷居波斯灣岸北部，即爲科威特人始祖。此後直至現在，科威特由其中的沙巴家族（Al-Sabah）首長統治，但一八七一年則短暫爲鄂圖曼帝國所統治。當時科威特被編入後來成爲伊拉克領土的巴斯拉，海珊提及的就是這段歷史。

波斯灣岸北部這塊區域，是名爲「海上絲路」的轉運要衝，特產爲珍珠。英國爲了確保前往印度的航路而侵略此地，此地於是在一八九九年成爲英國的領地。

直到二○○○年爲止，在科威特與沙烏地阿拉伯的國界線上，其實有一塊兩國共有的中立地帶。

原本阿拉伯半島的住民就是游牧民族，不會定居一地。他們就算受某族酋長統治，也不會因此固定住在某個地方，因此爲他們制定國界沒什麼道理。第一次世界大戰後鄂圖曼帝國的版圖瓦解，而在劃分中東各國國界期間，科威特與沙烏地阿拉伯之間那塊中立地帶，於一九二二年被定爲兩國游牧民族在牧草繁盛期間可自由出入的地方。當初的考量就這麼單純。因爲當時尚未發現此地蘊藏油礦。

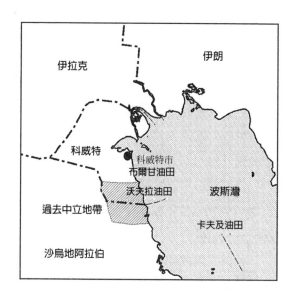

及至一九五三年，美國石油公司（Aminoil，後來更名為 Getty，現為 Texaco）開始在這裡探勘沃夫拉油田（Wafra Oilfield）。一九五九年，日本企業開始探勘海上的卡夫及油田（Khafji Oilfield），一九六一年開始營運。

開採出石油時，陸上油田及海上油田的利益由兩國對分，但問題就出在中立地帶，當地成了美國人、日本人、從事石油開採工作的外籍勞工常駐之地，到底該由哪個國家管理這些人呢？因此，一九六五年，科威特與沙烏地阿拉伯便決定將此中立地帶分割為二。二〇〇〇年，沙烏地阿拉伯和科威特做出決定，根據石油利權，於舊中立地帶劃出界線。同年，日本失去在沙烏地阿拉伯的開採權，二〇〇三年與科威特的開採權契約到期，必須簽訂新約、更新開採權。由於在當地開採石油是獲取他國的資源，因

此日本自然居於劣勢，但因產油國得仰賴他國的技術支援，非得與他們維持關係不可。

對於擁有資源的國家來說，這些資源是它們理所當然的權利。產油國選擇跟能提供良好條件的國家締約，也是當然的。過去，日本是亞洲唯一的經濟大國，但現在中國和印度都擁有龐大人口，並且推動現代化，前進中東勢不可擋。對資源需求若渴的中、印兩國，只要有機會獲得開採權，一定會乘虛而入。

在中東，中國製品比日本製品便宜三到四成，一些品質還不錯的禮品也都印有 Made in China 字樣，許多成衣不是印度製、就是中國製。此外，有錢的中國人常常前往中東觀光，也為中東帶來外匯收入，因此中東各國也相當關注中國的動向。

中國的能源

一九九三年起，中國躋身原油、石油製品的進口國家。一九七○、八○年代，中國還是石油輸出國家，不過在推動改革開放政策（一九七八年，中國共產黨於第十一屆三中全會上提出此決策，緊接著著手推行）期間，石油需求量大增，中國自己的產量已經不敷所需。

直到八○年代，中國人民還清一色穿著藍色工人服、以自行車代步。現在中國雖然仍處處可見自行車，但路上的汽車也日益增加，每到上下班尖峰時間交通就陷入混亂。中國的汽車產業仍然持續大幅成長。

中國各行各業都在快速成長，汽車產業只是其中一例；中國無法光靠自身的能源產量，卻也無法確保將來的石油來源。二〇〇五年，中國的能源自給率是百分之七十，但一般認為未來這個數字只會縮減，今後中國一定會愈來愈仰賴外國的石油資源。雖然新疆維吾爾自治區有藏量豐富的油田與天然氣田，為中國提供大量能源，但維吾爾自治區希望獨立為伊斯蘭國家的呼聲日益高漲，是中國的一大問題。

與中國爭奪地下資源的，還不只中東。中國希望在位於東海的日本「排他經濟水域」（exclusive economic zone, EEZ）開採天然氣，結果引發兩國的爭奪戰。

「排他經濟水域」是根據一九八二年制定的〈聯合國海洋法公約〉（United Nations Convention on the Law of the Sea, UNCLOS）而來，當中規定：距離某國沿岸兩百海里（約三百七十公里）內的水產資源、礦產資源等非生物資源的探勘、開發權利，都為該國所有。但是，當海域過窄而與鄰國相距不遠時，兩國的排他經濟水域範圍就會重疊。日本與中國之間的東海就是如此，因此日本提議在排他經濟水域畫出界線，但中國宣稱位於日本沖繩縣石垣島以北一百七十五公里左右的尖閣諸島（即釣魚台列島）為其所有，並援引一九七〇年代前的國際法解釋「大陸架（Continental Shelf）的自然延伸」（大陸架的概念源自地質學，原指由海岸向海洋延伸至大陸坡為止的較平坦海域，包括大陸棚、大陸坡、大陸邊。聯合國於一九五〇年開始研究大陸架相關法律，最後確立大陸架終止於大陸邊外緣的海床和底土，此規定載於前文提及的

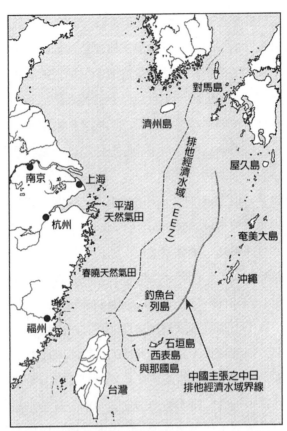

中、日天然氣田與釣魚台群島問題

〈聯合國海洋法公約〉〉為其經濟水域，主張日本沖繩縣東部附近都隸屬中國，不肯讓步。中國在距離日本提議的中間線兩公里處，設置春曉天然氣田，再這樣下去，中國將汲取走所有天然氣。說個題外話，日本方面稱春曉天然氣田為「白樺天然氣田」。

日本曾針對此事向中國抗議，但中國在二〇〇五年不但不提

中、日中間線，反而提議在日本海域進行共同開發，作風蠻橫。
二○○五年十月，日本提議與中國共同開發橫跨中、日中間線的
資源，但中國強烈抗議，甚至動員軍隊對日本示警。這些行動凸
顯中國在能源方面的危機意識，也顯示它強硬維護領海的態度。

在俄羅斯東部，也正展開一場對中國有利的石油資源爭奪
戰。由於利用俄羅斯東部陸路直接進口石油乃一大利多，因此中
國提議要全額負擔架設油管的費用，以便從俄羅斯進口石油。

在俄羅斯的東西伯利亞，自一九六○年代初發現油田後，又
於七○年代末期至八○年代期間陸續發現藏量豐富的油田、天然
氣田。及至九○年代，由於中國的石油需求量大增，俄羅斯於是
計劃開發此地、架設油管，並且認真調查油田藏量。

二○○一年七月，俄羅斯總統普丁與中國總理江澤民在莫斯
科舉行高峰會談，協議從石油化工中心安加爾斯克（Angarsk）
到黑龍江省的工業都市大慶，架設長達約兩千兩百公里的油管
（簡稱「安大線」）。安加爾斯克距離當時已開始營運的西西伯利
亞蘇爾古特油田（Surgut）約有兩千五百公里。而中國國內則計
劃將此油管往南延伸到大連。

此外，俄羅斯國營的油管公司發表一項決議，將架設從安加
爾斯克到日本海沿岸的納霍德卡（Nakhodka，俄羅斯極東不凍
港）、長達四千公里的油管（簡稱「安納線」）。經由這條管路，
俄羅斯就能將石油輸出到日本等東亞各國，甚至出口至美國西
岸。

日本雖同意建立合作體制，但真正出手卻遠比中國來得晚。

有人認為，日本被迫在經濟方面大力合作，但得到的卻不多；此外，東西伯利亞油田的藏量或許遠不如預期，因此有人認為合作不應涉入太深。

大逐鹿再起

裏海周邊地域也是石油、天然氣的寶庫，一般估計其蘊藏量僅次於波斯灣沿岸及西西伯利亞。自一八八〇年代起，俄羅斯、英國與鄂圖曼帝國為了爭奪中亞（尤其是印度、阿富汗、巴基斯坦）的絲路利權及地理優勢，在此展開競爭，史稱「大逐鹿」（Great Game，又譯「大競爭」）。如今，「大逐鹿」再度在中亞上演，但這次爭奪的，是油路、油管、石油、天然瓦斯的利權。

一九九一年，蘇聯開始解體，在此之前，涉及裏海利害關係的只有蘇聯和伊朗兩國，但隨著裏海周邊新興獨立國家四起，除了伊朗、俄羅斯之外，哈薩克、土庫曼、亞塞拜然等國也捲入利益之爭，而與這些國家有牽連的世界各國之爭更發展為國際問題。原因就在於：這些國家雖然獨立了，但還無法獨力進行開發，於是美國、西歐各國的跨國石油公司再度爭相進出油礦區。

特別積極企圖進駐此地的，是美國。

在老布希總統任內，美國在哈薩克、烏茲別克進行軍事演習，以牽制此地以西的中國、以東的伊朗及伊拉克。二〇〇一年，美軍在阿富汗內亂時進行空襲，並且駐軍塔吉克、吉爾吉斯（Kyrgyzstan），以圖擴大勢力範圍。俄羅斯過去曾是此地的宗主

跨越國界鋪設的輸油管

國，眼看美軍自由進出當然極爲不快，但爲了布局對美石油戰略，只好默不作聲。

　　石油進口大國日本，也參與了此地的石油爭奪戰。日本的「石油公團」（譯註：日本政府出資一百五十多億美元設立，負責在全世界尋找和開發石油，以使石油進口管道更爲多元，力圖分散能源供應風險。石油公團下轄七十多家企業，石油勘探開發業務遍及世界五大洲）及民間的石油企業提供大量資金，以確保開發

的相關權益。進入二十一世紀後，似乎終於可以安定營運了，但這個地域的問題層出不窮。

首先，即各產油國間的權益問題。裏海的地下資源應該如何處理，根據各國定義裏海為「海」還是「湖」而有不同見解。認為裏海是「海」的國家，包括俄羅斯、哈薩克與亞塞拜然，他們主張海面是共有的，海底的劃分則是從沿岸到中間線為止。而伊朗則認為裏海是「湖」，海面為沿岸各國共有，海底則按面積均分為五等分，由各國平分。

二○○二年九月，俄羅斯和哈薩克、哈薩克和亞塞拜然分別協議劃定界線，因此裏海北部地區不再爭奪權益，而且依照國際法，這麼一來可在此地開發新油田。至於與伊朗鄰接的亞塞拜然、土庫曼等國，則沒有提出積極的協議計畫。

產油國之間還有另一個問題，就是在裏海周邊的內陸國家舖設油管。該利用什麼路線、哪個港口、出口到哪個國家呢？○○七系列電影曾取材這個地區的油管與石油權益衝突，由此可知歐美國家多麼重視這個問題。有意獲取石油權益的國家，便會提供資金架設油管。

截至目前為止，主要的油管路線是從亞塞拜然的巴庫油田（Baku Oilfield）經由喬治亞共和國首都第比利斯（Tbilisi）、到達黑海沿岸阿札爾（Ajaria）共和國首府巴托米（Batumi）；以及由俄羅斯聯邦的達吉斯坦共和國（Dagestan）首都馬哈奇卡拉（Makhachkala）、還有由哈薩克的坦吉茲油田（Tengiz Oilfield）沿著裏海北岸到諾沃羅西斯克港（Novorossiysk）而合而為一的

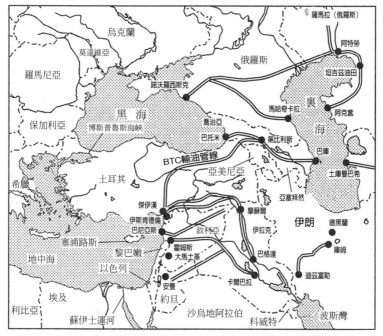

BTC油管及周邊地區主要油管路線

路線。

　　不過二〇〇六年時，前一條油管增加了新路徑，原來巴庫、第比利斯路線仍然不變，但再自第比利斯延伸到土耳其的傑伊漢港（Ceyhan），通稱爲 BTC 油管。這條油管全長一七六八公里，二〇〇五年五月即已完工，但因需要充填石油以測試輸送狀態，二〇〇六年六月才開始營運。BTC 工程由美國主導，於二〇〇二年二月動工，負責營運的主要是英國的英國石油公司；日本也是參與的一份子。

在此之前，裏海的石油都在黑海沿岸裝載上船，經由連結黑海與地中海的土耳其伯斯普魯斯（Bosporus）海峽運往歐美各國。冷戰結束後，由於黑海沿岸的前蘇聯各國與歐美各國之間貿易量大增，通行於伯斯普魯斯海峽的船舶相當混雜，尤其油輪若發生碰撞或觸礁會造成原油外漏，使民眾生活大受影響，因此土耳其當局下令禁止兩百公尺以上的大型油輪於夜間通行，結果，從黑海沿岸出發前往地中海的油輪竟因而等上數星期。架設新油管到傑伊漢港不但能解決這個問題，還能保護環境不受污染。

不過，這其中還有其他考量，亦即將中亞石油的裝運權利由俄羅斯轉移到土耳其，此事正中美國下懷。二○○一年五月，布希政府重新評估能源戰略，希望裏海周邊的油源能不受俄羅斯影響而維持穩定。

當然，美國與產油國亞塞拜然以及油管通過的喬治亞關係極為密切。美國支持被批評為強權政府的阿利耶夫父子檔（Heydar Aliyev〔父〕、Ilham Aliyev〔子〕）連續執掌亞塞拜然政權，也支持經過「玫瑰革命」（Rose Revolution）後於二○○四年一月就任、走親歐美路線的喬治亞共和國薩卡施維利總統（Mikheil Saakashvili）的政府。

甚至，九一一事件後美軍攻擊阿富汗時，與美國關係匪淺的哈薩克讓美軍駐留，也計劃從該國的坦吉茲油田運油到巴庫，然後經由 BTC 路線轉運到地中海。由這件事可以明顯看出美、俄的對立。

對俄羅斯總統普丁而言，這可不是好消息。喬治亞共和國希

望加入北大西洋公約組織或歐盟，早已觸怒了他。被批評為獨裁者的普丁，當然不會保持緘默。而喬治亞國內親俄羅斯的勢力反抗親歐美的政府，主張獨立，因此引發紛爭。俄羅斯當然表明支持喬治亞的親俄派勢力，並施加政治壓力，禁止喬治亞的主要出口品——酒類，輸入俄羅斯。蘇聯解體後俄羅斯曾一度低迷不振，近年則以石油、天然氣資源為後盾，推動強勢外交。

能源大國俄羅斯的威脅

二〇〇六年新年頭兩天，獨立國協的烏克蘭及歐洲各國民眾飽受寒害，過了一個冷得顫抖的新年。這是因為自元旦起，俄羅斯減少了經烏克蘭到歐洲的輸送管的天然氣供給量。

俄羅斯擁有全世界最大的天然氣田，其蘊藏量約占全世界天然氣的四分之一。歐洲各國消費的天然氣，約有四分之一仰賴俄羅斯供給。而這條輸送管路行經烏克蘭，由於俄羅斯與烏克蘭關係惡化，才導致上述情形。

二〇〇四年十二月二十六日，烏克蘭重新舉行總統大選，親歐美的在野黨候選人尤申科（Viktor Yushchenko，於選前因不明原因中毒，臉上皮膚變得粗糙不平）擊敗執政黨的亞努科維奇（Viktor Yanukovych）而當選。烏克蘭之所以重新舉行大選，是因為在十一月二十一日的大選中，亞努科維奇以不正當手段獲勝，遭歐美各國強烈批判（美國及歐盟均宣稱這次大選出現重大舞弊、不符合國際標準），情勢混亂，最後烏克蘭最高法院判定

第一次選舉無效。這次政權轉移稱爲「橘色革命」，這是因爲在野黨的代表色是橘色。不過選後烏克蘭國土分裂，鄰近俄羅斯的烏克蘭東部親俄、西部則親歐美，國內情勢並不穩定。

俄羅斯於是利用此情勢動搖烏克蘭。烏克蘭是前蘇聯的一員，過去走親俄路線時，俄羅斯以極爲低廉的價格輸送天然氣給他們。俄羅斯並不支持橘色革命，尤申科當選後，俄羅斯便以烏克蘭轉爲市場經濟爲由，用國際市場價格銷售天然氣給烏克蘭，價格上漲將近五倍。

此舉當然在烏克蘭引發反彈。於是俄羅斯又突然減少天然氣供給量，而直接受害的，就是德國、法國、奧地利、義大利等歐洲國家。最後，天然氣的供給量只剩原來的一半左右，民眾只好受凍了。

爲此歐盟召開緊急會議，要求俄羅斯與烏克蘭立刻解決紛爭，最後烏克蘭的天然氣再漲兩倍左右，兩國之爭才算落幕。此外，歐洲各國同樣感受到俄羅斯的威脅。對俄羅斯不抱信任的歐美各國所展開的能源爭論，也繞著 BTC 油管問題打轉。歐美各國也分爲反俄派、親俄派，能源紛爭超越了民族的界限，使得問題更加錯綜複雜。

就連日本，也感受到俄羅斯的威脅。二〇〇三年七月，環境評估過關而獲得開發執照，正在推動、才剛有起色的石油與天然氣計畫「庫頁島 2」（Sakhalin II project），原本預定在二〇〇八年生產、出口石油與天然氣，但二〇〇六年九月十八日，俄羅斯突然取消執照，理由是要保護環境。

　　這個開發計畫的主事者，是以英國與荷蘭爲據點的荷蘭皇家殼牌公司（Royal Dutch / Shell Group，荷蘭皇家石油與英國殼牌公司合組的跨國石油公司），日本企業也參與策劃，可以想見未來發展非常可觀。俄羅斯明知計劃已成定局，卻硬是安插隸屬俄羅斯政府的天然氣獨占企業俄羅斯天然氣公司（Gazprom，爲全球最大的天然氣生產企業，供應全球二十％的天然氣），顯然是要讓局勢對俄羅斯有利。

　　日本沒有能源、糧食無法自給，目前也不再是亞洲經濟大國，處境艱難更甚歐美。面對環日本海的韓國、中國、北韓、俄羅斯各國緊張情勢升高，日本的未來，非常仰賴外交手腕。

　　國對國、人對人以及與資源相關的紛爭，隨時可能萌生新的種子。

Info ⑱

民族的新世界地圖

新・民族の世界地図

編　　者—廿一世紀研究會
譯　　者—張明敏
主　　編—陳俊斌
特約編輯—林慧雯
執行企畫—曾秉常
董　事　長—孫思照
發　行　人—
總　經　理—莫昭平
總　編　輯—林馨琴
出　版　者—時報文化出版企業股份有限公司
　　　　　10803台北市和平西路三段二四〇號三樓
　　　　　發行專線—(〇二)二三〇六 六八四二
　　　　　讀者服務專線—〇八〇〇 二三一 七〇五、(〇二)二三〇四 七一〇三
　　　　　讀者服務傳眞—(〇二)二三〇四 六八五八
　　　　　郵撥—一九三四四七二四 時報出版公司
　　　　　信箱—台北郵政七九～九九信箱
時報悅讀網—http://www.readingtimes.com.tw
電子郵件信箱—history@readingtimes.com.tw
法律顧問—理律法律事務所　陳長文律師、李念祖律師
印　　刷—盈昌印刷有限公司
初版一刷—二〇〇八年六月二十日
定　　價—新台幣三〇〇元

行政院新聞局局版北市業字第八〇號
版權所有　翻印必究
(缺頁或破損的書，請寄回更換)

ISBN 978-957-13-4856-8

Printed in Taiwan

國家圖書館出版品預行編目資料

民族的新世界地圖 / 21世紀研究會著；張明敏
　　譯. -- 初版. -- 臺北市：時報文化, 2008.
　　06
　　　　面；　公分. -- (Into ; 48)
　　譯自：新‧民族の世界地圖

　ISBN 978-957-13-4856-8(平裝)

　1. 民族學

535　　　　　　　　　　　　　　　97009012